*Emmanuel Roblès est né ....at
1914. Il a publié son prem.............................. Alger où
il a vécu une grande partie.................... avant de se fixer
à Paris. Plusieurs romans ...... sont succédé dont* Le
Vésuve, Les Couteaux, Les Hauteurs de la Ville, *qui
obtint le Prix Fémina en 1948, et* Cela s'appelle L'Aurore
*porté à l'écran par Luis Buñuel. Il a également publié
des recueils de nouvelles et s'est révélé dramaturge avec
des pièces comme* Montserrat, La Vérité est morte, *créée
par la Comédie-Française, et* Plaidoyer pour un rebelle.

Depuis sa création en 1948, cette pièce n'a jamais cessé
d'être jouée dans quelque partie du monde. A ce jour
elle a été adaptée en vingt-deux langues.
Dans « J'abats mon Jeu » (1959), Aragon écrivait :
« Et ce n'est pas la guerre d'Algérie qui pourra effacer
en moi l'impression profonde que je garde de cette
pièce singulière dans le théâtre contemporain et qui est
entrée sans que je m'en aperçoive dans le folklore de mes
solitudes. »
Mais dès 1948, Albert Camus affirmait dans « Combat » :
« Curieuse et forte pièce ! Elle vient de loin, de cette
terre d'Afrique où les hommes parlent et sentent sans
embarras. Elle ne doit rien à aucune école ou à aucune
mode et pourtant elle s'accorde à la terrible cruauté
du temps sans cesser de se référer à une pitié vieille
comme le cœur humain. L'âme tendue aux extrêmes y
garde toute sa force. C'est pourquoi Roblès n'a abusé
personne. Ce n'est pas aux Amériques que « Montserrat »
se passe, mais quelque part en Mauritanie, entre les deux
déserts du sable et de la mer. »

ŒUVRES D'EMMANUEL ROBLÈS

EMMANUEL ROBLÈS

Montserrat

ÉDITIONS DU SEUIL

L'AUTEUR aurait pu situer le sujet de cette pièce dans l'Antiquité romaine, l'Espagne de Philippe II, la France de l'Occupation, etc. Il a d'ailleurs longtemps hésité. Ce qui a décidé son choix pour l'époque de l'Indépendance sud-américaine, c'est simplement que certains travaux sur l'histoire des jeunes républiques latines, menés parallèlement, le tenaient déjà, comme on dit, dans l'atmosphère.

On ne doit pas, pour autant, considérer tous les faits groupés autour du sujet essentiel comme rigoureusement conformes à la vérité historique. L'auteur s'est moins soucié de respecter cette vérité historique que de rendre perceptible ce que son thème a d'universel.

Ce qui demeure cependant authentique, c'est la sauvagerie de la répression espagnole. Mentionnons, par exemple, que le vrai Moralès se plaisait à faire écarteler ses prisonniers ; qu'Antonanzas se réservait le plaisir d'éventrer les femmes enceintes et envoyait à ses amis des caisses remplies de mains coupées ; que le véritable Zuazola jouait à crever les yeux de ses ennemis à coups de lancette et que

le moine Eusebio de Coronil préconisait que l'on
exterminât tous les Vénézuéliens âgés de plus de
sept ans.

« Les bourreaux de métier ne suffisaient plus,
écrit M. Michel Vaucaire, historien de Bolivar. Il
se commettait de telles atrocités que les Espagnols
de l'entourage de Monteverde en furent eux-mêmes
écœurés. Mais on punissait des rebelles et il fallait
dégoûter à jamais un peuple de la révolution. »

Comme cette cruauté, ces massacres ne sont pas
spécifiquement de l'époque bolivarienne, que depuis
des siècles et sur toute la surface du monde la
même douleur a fait hurler des hommes — sur les
croix où agonisaient les derniers compagnons de
Spartacus, sur les chevalets des Inquisiteurs du
siècle noir ou dans les modernes officines à torturer, — on a compris que l'auteur n'a voulu em-
prunter à l'Histoire qu'un prétexte, un décor, une
couleur...

PERSONNAGES

MONTSERRAT, *28 ans, officier espagnol.*

IZQUIERDO, *40 ans,
premier lieutenant du capitaine général Monteverde.*

LE PÈRE CORONIL, *50 ans,
moine capucin, chapelain de Monteverde.*

ZUAZOLA, MORALÈS, ANTONANZAS,
officiers espagnols de 35 à 40 ans.

LA MÈRE, *30 ans.*

ÉLÉNA, *18 ans.*

JUAN SALCEDO, *le Comédien, 40 ans.*

SALAS INA, *le Marchand, 35 ans.*

ARNAL LUHAN, *le Potier, 50 ans.*

RICARDO, *20 ans.*

Soldats, Moines.

Juillet 1812. Le chef vénézuélien a été battu et capturé dans une suprême bataille, le 11 juillet, par le capitaine général espagnol Monteverde. Simon Bolivar, lieutenant de Miranda, est en fuite. Caché par des patriotes, il a pu, jusqu'ici, échapper aux recherches. Les Espagnols occupent les trois quarts du pays. La répression est terrible. Massacres et pillages se succèdent.

Les trois actes se passent dans la salle de garde de la capitainerie générale, à Valencia du Venezuela. Vaste pièce aux murs épais. A droite, porte donnant sur la place d'armes.

A gauche, autre porte ouvrant sur l'intérieur du palais. Au fond, deux fenêtres étroites à gros barreaux. A gauche, en retrait, une table massive, trois escabeaux.

MONTSERRAT *a été représenté pour la première fois à Paris, le 23 avril 1948, au Théâtre Montparnasse, avec la distribution suivante :* Claude Martin, Marcel Raine, Vandéric, Michel Carlier, Georges Aminel, Michèle Chagnoux, Jeanne Cerval, Robert Favard, Charles Lavialle, Vital, José Quaglio. *Mise en scène de* Vandéric.

Le même jour, MONTSERRAT *était représenté à Alger, au Théâtre du Colisée, avec, dans les principaux rôles :* Max Roire *(Montserrat),* Clément Bairam *(Izquierdo) et* Charles Mallet *(Le Comédien). Mise en scène de* Louis Foucher.

Cette pièce a été reprise le 14 septembre 1948, au Théâtre des Mathurins, avec, dans les principaux rôles : Jean Servais *(Montserrat),* Jean Marchat *(Izquierdo) et* Roger Gaillard *(Le Comédien).*

ACTE PREMIER

SCÈNE PREMIÈRE

ZUAZOLA, MORALÈS, ANTONANZAS

> Les officiers espagnols discutent avec anima-
> tion. Ils sont encore vêtus d'un rude
> uniforme de campagne bleu noir. Culotte
> grise, bottes.

ZUAZOLA
Il s'est encore échappé.

MORALÈS
Il y a de la trahison là-dessous.

ZUAZOLA
Il a été prévenu, c'est clair. Il me semble difficile de croire à une coïncidence aussi miraculeuse.

ANTONANZAS
Mais certainement. Il ne faut pas penser à une
coïncidence. Il a été prévenu ! Izquierdo, en vérité,
a été trop confiant, hier soir, en exposant ses plans
à table, en présence de tous les convives du général.
C'était d'une imprudence folle !

ZUAZOLA

Il est fou de colère, Izquierdo !

MORALÈS

Enfin, il y a de sa faute ! C'est la seconde fois
qu'il croit tenir ce Bolivar, qu'il est près de le capturer et que celui-ci lui glisse entre les doigts !
Izquierdo devrait s'entourer de plus de précau-
tions !

ZUAZOLA, précis.

Un fait reste acquis. Cette nuit même, dans la
maison où il s'était réfugié, Bolivar a été prévenu
qu'Izquierdo viendrait à l'aube le capturer, et il
n'a pu être prévenu que par l'un des convives
d'hier soir. Il y a donc un traître dans l'état-
major !

MORALÈS

Je commence à le croire aussi. De toute façon, si
Bolivar parvient à passer nos lignes et à rejoindre
ses partisans, il les regroupera très vite...

ANTONANZAS

Ah ! ce sera de nouveau la guerre ! Et, par saint
Jacques, j'aime mieux faire la guerre que crever
d'ennui dans ce pays où l'on ne voit pas une seule
jolie fille...

MORALÈS

Tu exagères. Pas une seule jolie fille ? A Siquisèque, quand nous avons pris la ville, mon bataillon

n'a laissé vivants que dix-neuf habitants. Dix-neuf femmes! Des jeunes, bien entendu! C'était contraire aux ordres du général, qui avait exigé que l'on exterminât jusqu'aux nouveau-nés. Mais nous avons, pour nous, gardé les belles, et je vous jure qu'il y en avait de divines !

ZUAZOLA

Oui, bien sûr. On peut en trouver...

MORALÈS

Celle que je m'étais réservée avait seize ans. Adorable. Des seins menus, tièdes comme des colombes. Elle pleurait doucement chaque fois que je... que nous faisions l'amour...

ZUAZOLA, riant.

Tais-toi donc !

ANTONANZAS

L'as-tu gardée ?

MORALÈS

Pas longtemps. Je l'ai donnée à cinq de mes hommes, après la bataille de Barquésimeto, pour les récompenser de leur belle conduite. Je n'avais rien de mieux sous la main.

ZUAZOLA

Dommage !

MORALÈS, haussant les épaules.

Oh ! dommage... Une Indienne, hein ?...

ANTONANZAS

Oui. Mais tout cela ne nous apprend rien sur la fuite étonnante de Bolivar ! Et je brûle d'envie de savoir comment l'affaire s'est déroulée...

ZUAZOLA

Patience ! Izquierdo nous renseignera. Je l'ai aperçu tout à l'heure. Il va certainement passer par ici pour présenter son rapport à Son Excellence. Il doit être dévoré de rage !

MORALÈS

Izquierdo a toujours la conviction insolente que les événements vont marcher comme il le désire, que les êtres vont rigoureusement se plier à sa volonté. Et, quand la malice d'une volonté étrangère à la sienne contrecarre ses projets, alors il explose, il tonne, il veut crever le ciel, exterminer des populations entières !... Vous allez le voir, tout à l'heure : un ouragan ! une tornade !...

Ils rient bruyamment

ANTONANZAS

Quand nous étions cadets à l'académie militaire, je me souviens qu'il était tombé amoureux fou d'une petite vicomtesse de dix-sept ans. Mais elle ne l'aimait pas et le lui fit entendre. Cet aveu ne refroidit pas son ardeur. Au contraire. Il lui jura qu'elle l'aimerait par force ! Qu'il la forcerait bien à l'aimer... (*Ils rient.*) Elle finit par épouser un gentilhomme portugais qu'Izquierdo, dans sa démence, provoqua en duel et faillit embrocher. C'est alors que, pour calmer cette passion, les autorités militaires expédièrent notre ami sur ces terres bénies où il a pu, enfin, oublier ses premières amours...

MORALÈS

Oublier, oublier... Je ne sais pas s'il est homme à oublier un échec, même au bout de vingt ans...

ANTONANZAS

D'accord avec toi...

MORALÈS

Et je crois qu'il ne pardonnera jamais à celui qui l'a joué ce matin en prévenant Bolivar.

SCÈNE II

LES MÊMES, IZQUIERDO

Izquierdo est entré à l'avant-dernière réplique de Moralès. Il a le visage décomposé par la haine. Il a gardé sa cape roulée sous le bras. C'est un homme à l'aspect massif et brutal. Il porte un collier de barbe. Aux bottes, des éperons. Après la dernière phrase de Moralès, il hurle :

IZQUIERDO

Assez ! Tu m'as vu, jusqu'ici, pardonner une fois ? Est-ce que j'ai cet air idiot d'un homme qui peut s'attendrir et pardonner? Hein? Jamais! (*Soudain, il les regarde silencieusement, puis, avec un sourire d'une ironie inquiétante*) : Au fond, mon échec de ce matin vous ravit... n'est-ce pas ?

ANTONANZAS, navré.

Izquierdo !

IZQUIERDO, hausse les épaules.

Oui, oui... Vieux compagnon d'armes !... Enfin !...

ANTONANZAS, amical.

Tu es fatigué par cette expédition, Izquierdo !...

IZQUIERDO, ricane.

Oui. Inutile de t'apitoyer sur moi, veux-tu ?... Mais je dois aller présenter mon rapport à Son Excellence.

ANTONANZAS

Tu n'as pas vu le général ? Il n'est pas encore au courant ?...

IZQUIERDO

Je lui apporte deux surprises !

ANTONANZAS

Comment, deux ?

IZQUIERDO

Une : l'annonce de mon échec. Deux : le nom de l'homme qui m'a joué. (*Avec mépris, à Moralès.*) Comme tu disais si bien tout à l'heure.

ZUAZOLA

Qui est-ce ? Peut-on le savoir ?

ANTONANZAS

C'est un Espagnol ? Un officier de l'état-major ?

IZQUIERDO, hargneux.

Assez ! Je ne peux rien vous dire. Il faut se taire et attendre les décisions de Son Excellence.

> Izquierdo va sortir de l'autre côté, en traînant sa cape. Il est visiblement préoccupé.

ZUAZOLA

Dis-nous au moins ce qui s'est passé.

ANTONANZAS

Oui, nous n'avons eu aucun détail. D'ailleurs, Son Excellence n'est pas encore annoncée... Tu as quelques minutes...

> Izquierdo revient sur ses pas, lentement.
> On le devine encore plein de ressentiment.

IZQUIERDO

Nous sommes parvenus à l'aube près de la ferme où, selon nos indicateurs, Bolivar, malade, s'était réfugié. J'ai fait cerner les bâtiments. Mes hommes ont fouillé partout. Envolé... Ils étaient aussi enragés que moi. Ils ont tout massacré, tout incendié. Je n'ai pas su les retenir tant j'étais furieux... Mais, quand le feu a entamé les granges, un Nègre est sorti, à demi fou de peur. Il s'était caché sous la paille. Il a vu les autres corps au milieu de la cour et il n'a pas fallu beaucoup d'efforts pour lui faire raconter sa petite histoire. Un de mes soldats l'aidait, malgré tout, en lui caressant un peu le ventre à petits coups de baïonnette...

MORALÈS, riant.

Qu'a-t-il dit d'intéressant ?...

IZQUIERDO, à haute voix, les sourcils froncés.

Bolivar a été prévenu au milieu de la nuit. Il avait une violente fièvre et il a fallu le hisser sur son cheval et l'attacher à la selle. Où est-il reparti se cacher ? Le Nègre n'en savait rien. Aussi je l'ai fait pendre... (*Il réfléchit.*) Même s'il l'avait su, naturellement, je l'aurais fait pendre.

MORALÈS

Il t'a donné le signalement de l'inconnu ?...

IZQUIERDO

Je l'ai.

MORALÈS

C'est un Espagnol, n'est-ce pas ?

IZQUIERDO

Pas de questions à ce sujet, veux-tu ?

MORALÈS

Puisque tu le connais, il te sera facile de le capturer et de le faire parler à son tour. Les fourmis rouges... ou le plomb fondu dans les oreilles...

IZQUIERDO

Tu as l'imagination un peu courte.

ZUAZOLA

Bolivar n'a pas dû s'éloigner beaucoup dans ces conditions.

IZQUIERDO

Non. Il restera certainement caché quelque part tant qu'il fera jour et fuira de nouveau à la nuit. J'ai envoyé plusieurs patrouilles de cavaliers dans les deux directions qu'il peut prendre.

MORALÈS

Pourquoi : deux directions ?

IZQUIERDO, précis.

Cette nuit, ou bien Bolivar marche vers Puebla, rejoint ses partisans et s'efforce de les regrouper pour nous retomber dessus. Ou bien il descend vers la côte et s'embarque pour Curaçao, où il retrouve ses chers amis anglais, se soigne et oublie peut-être ses singes-soldats et ses projets de fou.

ZUAZOLA

Tu crois sérieusement qu'il est assez touché, assez découragé pour renoncer ?...

IZQUIERDO, irrité.

Je ne crois rien. Il y a pour lui deux solutions. Ou Puebla ou Curaçao. Ou l'Ouest ou la côte. J'ai donné l'ordre de fouiller partout et surtout dans ces deux directions. Mais vous m'avez déjà trop retenu. Je vais chez le général. Je pense qu'il a dû arriver.

MORALÈS, l'arrêtant.

Encore un mot, Izquierdo. Bolivar peut donc, malgré tout, t'échapper ?

IZQUIERDO

Non. Car avant la nuit, avant qu'il se remette en marche, je saurai où il se cache. Je te jure que je le saurai, comme j'ai su qui l'a sauvé ce matin ! A tout à l'heure !

> Les officiers sortent derrière lui. On entend Zuazola demander :

ZUAZOLA

Qui soupçonnerais-tu, toi, Moralès ?

SCÈNE III

LE P. CORONIL, MONTSERRAT

> Ils poursuivent une conversation amorcée dehors.

LE P. CORONIL

... C'est pourquoi, mon fils, ton attitude de ces jours derniers m'alarme. Tu tiens également des propos qui, s'ils étaient répétés à Son Excellence, attireraient sur toi sa colère et son mépris.

MONTSERRAT

Je ne parviens plus à me contenir. J'étouffe depuis que je suis ici. Vous, mon Père, n'êtes-vous point révolté par ces persécutions, ces massacres, ces pillages, ces violences ? Vous qui approuvez cette levée de tout notre peuple en Espagne contre les mercenaires de Bonaparte, comment pouvez-vous condamner ces hommes qui, sur leur propre sol, veulent se battre pour être libres et vivre comme des hommes ? Avant-hier, encore, des soldats du bataillon d'Alora ont voulu enlever des jeunes filles indigènes au village de Totulas. Ils se sont heurtés à la résistance de toute la population qu'ils ont attaquée sauvagement et dont ils ont incendié les chaumières... En Espagne, les Français sont nos oppresseurs cent fois haïs. Et ici, sur cette terre neuve, ce sont les soldats espagnols qui maintiennent tout un peuple dans un noir esclavage.

LE P. CORONIL

Il est temps, mon fils, que tu partes pour Cadix. Pour toi, comme pour nous, il est dangereux que tu demeures ici, où il te faut combattre pour une cause que nous savons juste et que tu désavoues. Le navire qui a relâché le mois dernier à Puerto-Caballo fera de nouveau escale vers la Saint-Michel. Je vais demander à Son Excellence de te faire rembarquer. Tu seras chargé d'une mission auprès du Conseil de Régence. Son Excellence ne s'opposera pas à ton départ.

MONTSERRAT

Je pensais, mon Père, que vous comprendriez mes sentiments pour ce peuple infiniment pauvre et qui n'a vécu, jusqu'ici, que dans le malheur.

LE P. CORONIL

Je ne peux avoir de pitié pour ces êtres qui s'obstinent à redresser leurs idoles et à les adorer en secret ! Pour tous ces fanatiques qui refusent de confesser sincèrement la gloire de Dieu...

MONTSERRAT

Je ne sais si Dieu est aussi cruellement jaloux de sa gloire que ne le sont ses propres serviteurs.

LE P. CORONIL

Je veux croire que tu as parlé trop vite !

MONTSERRAT

Et moi, mon Père, je veux croire Dieu très bon et indulgent aux malheureuses créatures dont il a lui-même peuplé cette terre.

LE P. CORONIL

Il n'est de véritables créatures de Dieu que celles habitées par une parcelle de l'esprit divin.

MONTSERRAT

Vous tenez donc que ces Indiens n'ont pas plus d'âme que des bêtes ?

LE P. CORONIL

Bien pis ! Je les sais, moi, possédés par le Damné,

animés de son souffle. C'est pourquoi, vivants, ils insultent à la gloire du Très-Haut.

MONTSERRAT, épouvanté.

Mon Père, vous approuvez donc les massacres de Campillo, de Siquisèque, de Santa-Naro, de Tolulac ? Le prestige de Dieu exige-t-il vraiment ces charniers et ces ruines ?

LE P. CORONIL

Enfant ! Comment ne comprends-tu pas que dans ces charniers, dans ces incendies, c'est l'esprit même du Malin qui est frappé, brûlé, affaibli ? Pourquoi t'apitoyer sur ces misérables, puisque, à travers eux, en eux, c'est le Mal qu'on atteint et qu'on tue. L'odeur horrible de leurs cadavres n'est que la puanteur du Maudit. Réjouis-toi donc, Montserrat, si, passant à travers les décombres d'un village, tu sens s'exhaler, en relents de pourriture, la fureur impuissante de l'éternel Damné !

MONTSERRAT, évasif.

Oui. Je partirai. J'embarquerai sur le prochain navire...

LE P. CORONIL

Je le veux. (*Insinuant :*) Car la voix de ce Simon Bolivar n'est-elle pas la voix même, la voix perfide du Tentateur ?

MONTSERRAT,

troublé, le regarde fixement puis murmure :

Simon Bolivar...

LE P. CORONIL

Attends-moi donc. Je te rejoindrai dès que j'aurai
obtenu de Son Excellence ton ordre de départ.

SCÈNE IV

MONTSERRAT, LE P. CORONIL, ZUAZOLA

ZUAZOLA, entrant vivement.

Vous voulez être reçu par Son Excellence, mon
Père ? Son Excellence, en ce moment, entend le rapport d'Izquierdo sur l'affaire de ce matin.

LE P. CORONIL

L'affaire de ce matin ?

ZUAZOLA

Vous ignorez donc l'échec d'Izquierdo, qui s'était
trop tôt vanté de capturer Bolivar ?

LE P. CORONIL

Je n'étais pas au courant.

ZUAZOLA

Izquierdo, renseigné par ses espions, savait la
cachette du bandit. Il arrive avec ses hommes et
fouille la maison. Et rien... L'autre, prévenu à

temps, quoique malade et brûlant de fièvre, avait déjà filé... Les soldats ont fait, paraît-il, un de ces carnages !

MONTSERRAT, atterré.

Un carnage !

ZUAZOLA

Toute la famille, les domestiques... Hé ! nos hommes étaient furieux, après cette marche forcée, parfaitement inutile. Figurez-vous qu'une des jeunes filles a préféré se couper la gorge avec un morceau de miroir plutôt que de recevoir sur le ventre toute une compagnie de fantassins du Roi...

LE P. CORONIL, sèchement.

Cela suffit !

SCÈNE V

LES MÊMES et IZQUIERDO,
suivi de MORALÈS et ANTONANZAS

IZQUIERDO

Oui, j'ai obtenu de Son Excellence... Ah ! bon-jour, mon Père ! (*A Montserrat, très sec :*) Bonjour.

LE P. CORONIL

Bonjour, colonel. Qu'avez-vous donc obtenu ?...

IZQUIERDO

Que des détachements patrouillent sans répit dans la région de Luna-Parado à Santa-Monica. Bolivar a deux possibilités : ou rejoindre Puebla pour reprendre la tête des rebelles, ou faire retraite chez ses amis anglais à Curaçao. Nos cavaliers surveilleront donc les passes qui mènent à Puebla et à la côte.

LE P. CORONIL

Pourquoi ferait-il retraite ?

IZQUIERDO

Il est très malade et très déprimé par la défaite de Miranda. Connaissiez-vous exactement les projets de ce traître ? Nous avons trouvé ce matin un document oublié par lui. C'était l'ébauche d'une constitution républicaine, avec un président, un sénat, et la réunion de la Nouvelle-Grenade au Venezuela sous le nom de Colombie, en hommage au Découvreur. Et tout cela, naturellement, après que le dernier Espagnol aura été jeté à la mer. Brr ! j'en tremble ! (*Gracieux :*) Croyez-vous que ce général révolutionnaire passera chez les Anglais et renoncera à nous égorger tous, mon cher Montserrat ?

MONTSERRAT, glacial.

Je ne le crois pas.

IZQUIERDO

A la bonne heure ! Voilà un avis autorisé. Le fier
créole persisterait donc dans son rêve d'émanciper
ce ramassis d'Indiens, de Nègres et de métis ?
Cependant, mes renseignements sont bons : Bolivar penserait à tout abandonner et à se retirer chez
les Anglais. Comment appelleriez-vous cela, monsieur de Montserrat ?

MONTSERRAT

Une désertion.

IZQUIERDO

Une désertion ! Vous dites : une désertion ! et
vous pensez : une lâcheté ! Avouez que c'est le mot
que vous vouliez dire.

MONTSERRAT

Exactement.

IZQUIERDO

Mais, bien entendu, je ne tiens pas à laisser le
grand Bolivar enfermé dans l'alternative : ou Puebla ou Curaçao ! Il me faut le capturer. Que voulez-vous ? S'il rejoint Puebla, c'est pour nous la
guerre. S'il rejoint Curaçao, c'est pour lui le
déshonneur. Nous le pendrons, et tout sera dit.

LE P. CORONIL

Mais il peut fuir cette nuit et...

IZQUIERDO, brutal.

Non, il ne fuira pas. (*Un silence.*) Je suis sûr de
le capturer avant la nuit. Il faut bien que nous ven-

gions nos camarades. Vous souvenez-vous des vingt-trois de nos soldats pris par les rebelles et qui, vivants, furent pendus par la mâchoire à des crochets de boucherie ? Rappelez-moi l'endroit, Montserrat ?...

MONTSERRAT

Santa-Monica.

IZQUIERDO

C'est cela. C'est bien cela : quelle mémoire ! Et aussi venger ces dix-huit malheureux que les rebelles capturèrent, enduisirent de miel et jetèrent vivants en pâture aux fourmis amazones. Ce Simon Bolivar est bien un peu responsable de ces crimes et de tant d'autres commis par ses partisans ?

LE P. CORONIL

Mais comment Bolivar a-t-il pu s'échapper ce matin? Il a été prévenu! Avez-vous enquêté déjà?... Qui a pu le prévenir ?

IZQUIERDO

Mon Père, hier soir, à la table de Son Excellence, nous étions neuf officiers présents, neuf seulement, quand j'annonçai mon projet de capturer Bolivar avant le lever du jour. A cette table, il y avait, outre le général et moi, les trois chefs de corps, ce qui fait cinq. Puis Zuazola, Antonanzas et Moralès. Je réponds d'eux comme de moi-même.

MONTSERRAT, très pâle, d'un ton las.

Allons, Izquierdo... J'étais le neuvième.

IZQUIERDO

Oui.

MONTSERRAT

Et... répondez-vous aussi de moi ?

IZQUIERDO

Non.

LE P. CORONIL

Quoi, Izquierdo, vous... ?

IZQUIERDO

Laissez ! mon Père. Ecoutez donc, plutôt ! Hier soir, entouré de camarades sûrs, j'exposai à Son Excellence les rapports de mes indicateurs, la découverte du refuge où Bolivar, malade, se cachait, le plan de capture que j'avais prévu pour ce matin. Deux heures plus tard, à celui qui demandait un cheval pour une mission urgente, le gardien d'écurie conseilla...

MONTSERRAT

« Il fait très noir, monsieur l'officier ! Vous devriez attendre la lune... »

IZQUIERDO

Malgré la nuit, il put se diriger et atteindre la ferme où Bolivar délirait de fièvre. On hissa le malade sur une jument noire...

MONTSERRAT

Mais il fallut l'attacher à la selle, tant sa faiblesse était grande.

IZQUIERDO

Quand notre troupe arriva, les soldats fouillè-
rent en vain tous les bâtiments...

MONTSERRAT

Dépités et furieux, ils massacrèrent tous les habitants, et une jeune fille se coupa la gorge avec un
morceau de miroir pour ne pas être violée.

IZQUIERDO

Mais nous avons pu, avant que de le pendre,
interroger un palefrenier qui avait sellé lui-même
la jument noire du fugitif, et il nous a dit quel
noble visage et quelle élégante tournure avait le
compagnon de Bolivar.

Coronil sort lentement.

IZQUIERDO

Ah ! mon Père, je vous préviens qu'il est inutile
que vous alliez auprès de Son Excellence quémander la grâce du coupable. Une tâche reste à accomplir pour laquelle Son Excellence m'a laissé entière
liberté.

LE P. CORONIL, dédaigneux.

Je ne vais quémander la grâce de personne ! Je
passe dans la chapelle où je prierai jusqu'à ce que
vous veniez me chercher pour assister le condamné.

SCÈNE VI

LES MÊMES, moins LE P. CORONIL

IZQUIERDO, très vite.

Le temps presse. Bolivar restera caché jusqu'à la nuit par crainte des patrouilles. Puis il tentera de nous échapper définitivement. Il est un peu plus de trois heures. Dans une heure, nous partirons le capturer... Moralès !

MORALÈS

Oui.

IZQUIERDO

Prends dix hommes avec toi et descends sur la place. Tu arrêteras les six premières personnes que tu rencontreras et tu les amèneras ici.

MORALÈS

Les six premières personnes ?

IZQUIERDO

Mais bien sûr ! Fais vite.

MORALÈS

Bon. Entendu.

SCÈNE VII

MONTSERRAT, IZQUIERDO, ANTONANZAS, ZUAZOLA

Ces derniers se placent derrière Montserrat, prêts à le maîtriser.

IZQUIERDO

Je te plains, Montserrat ! Je sais que tu as du courage... Il va t'en falloir beaucoup.

MONTSERRAT

Je ne crains rien.

IZQUIERDO

Qui sait ? Je pourrais te faire torturer à mort, mais tu ne parlerais pas. Je te connais. Et, si tu mourais à la torture, par Dieu, ma chance de capturer Bolivar s'envolerait avec ton souffle. Son Excellence m'a laissé libre choix des moyens pour te faire dénoncer le nouveau refuge de ton ami...

MONTSERRAT

Puisque vous savez que je ne parlerai pas, qu'attendez-vous pour me faire fusiller ?

IZQUIERDO, doucement.

Tu parleras... (*Il marche, tête basse, de long en large, puis s'arrête et regarde fixement Montserrat.*) Ecoute-moi. Six personnes vont être enfermées ici, dans cette salle, avec toi. Des gens pris au hasard, dans la rue. Des innocents, Montserrat! des hommes et des femmes de ce peuple que tu aimes plus que ton drapeau. Dans une heure, si tu n'as pas dénoncé l'endroit précis où se cache Bolivar, ils seront fusillés !

MONTSERRAT, atterré.

C'est impossible ! Izquierdo ! C'est inhumain !

IZQUIERDO, méprisant.

Qu'importe ! Si c'est efficace...

MONTSERRAT

Je veux demander audience au général.

IZQUIERDO, brutal.

Refusé !... (*Silence.*) Tu auras une heure. Au bout d'une heure, si tu t'obstines, ils seront fusillés derrière ce mur. Il faudra choisir entre la mort de Bolivar, rebelle et traître, et celle de six innocents.

MONTSERRAT, révolté, hurle.

Tu es une bête immonde ! J'aurais dû t'écraser la tête le jour de Gomara, quand tu as fait enterrer vivants tous les prisonniers.

IZQUIERDO

Tais-toi ! Aujourd'hui, ce sera plus difficile qu'à Gomara.

MONTSERRAT, hors de. lui.

Je te hais ! (*Il tente de se jeter sur Izquierdo. On le maîtrise.*)

IZQUIERDO, ironique.

Et moi, je te plains. Je te plains de toute mon âme, car ton épreuve sera dure, très très dure.

MONTSERRAT

Je veux voir le général. Son Excellence me fera fusiller pour avoir trahi, pour avoir préféré la cause des hommes que nous opprimons à la fidélité au Roi. Il me fera fusiller pour tout ce qu'il voudra. Ça m'est égal. Je consens à mourir en traître. Je suis un traître dans ce camp, je l'avoue. Et c'est parce que je suis un homme. Parce que j'ai des sentiments d'homme ! Que je ne suis pas une machine à tuer, une machine aveugle et cruelle !...

IZQUIERDO

Assez ! Son Excellence m'a ordonné de te faire avouer la retraite de Bolivar. Par n'importe quel moyen. Je l'ai, ce moyen. (*Silence.*) Les gens qui vont venir ici, je ne veux pas savoir s'ils sont pour ou contre nous, s'ils nous aiment ou non. L'essentiel, c'est qu'ils soient innocents. Il y aura peut-être parmi eux de fidèles sujets du Roi. Tant mieux. Il faut qu'ils n'aient rien à se reprocher. Un seul

coupable, ici, toi. Coupable d'avoir aidé la fuite
d'un chef rebelle. Tu tiens le marché : donnant,
donnant ; la vie de six innocents contre la vie d'un
traître et d'un bandit.

MONTSERRAT

Je ne peux pas ! Je-ne-peux-pas ! Je ne peux pas !

IZQUIERDO

Qu'est-ce qui t'en empêche ? L'honneur, peut-
être, hein ? On ne livre pas un ami qu'on a soi-
même mis en sûreté ? C'est cela ?... Réfléchis, Montserrat. Six innocents ! Pèse-le bien, ton honneur...

MONTSERRAT

Ah ! ce n'est pas cela ! S'il ne s'agissait que de
mon honneur !

IZQUIERDO

Quoi, alors ?

> On entend dehors des exclamations, des
> bruits de pas, des cris : « *Avancez !* »
> « *Mais je n'ai rien fait !* » « *Silence.* »

SCÈNE VIII

LES MÊMES, plus LE POTIER, LE MARCHAND,
DES SOLDATS

IZQUIERDO, ironique.

Voici les deux premiers, Montserrat ! Peut-être
t'imagines-tu que je n'irai pas jusqu'au bout ! Qu'il
ne s'agira que d'une petite parodie ! Non... Tu me
connais...

MONTSERRAT, angoissé.

Je te connais... Mais c'est impossible ! Cela ne se
fera pas...

LE POTIER, timidement.

Nous avons été arrêtés...

IZQUIERDO, faussement jovial.

Et alors ?

LE POTIER, même jeu.

Nous n'avons rien fait... Moi, je passais sur la
place...

IZQUIERDO

Je sais, je sais...

LE MARCHAND

Pouvons-nous savoir de quoi il s'agit... ce que...
l'on veut de nous ?

IZQUIERDO, les mains aux hanches.

Tu le verras bien.

LE MARCHAND

C'est que...

IZQUIERDO

C'est que ?

LE MARCHAND, apeuré.

Je... suis attendu...

IZQUIERDO, qui le dévore des yeux.

Par qui ?

LE MARCHAND

Chez moi... par ma femme.

IZQUIERDO

Eh bien, elle attendra, ta femme ! Tu ne peux
pas être toujours fourré dans ses jupes ! Elle va
t'épuiser, par saint Jacques ! Un peu de répit. Là !
reprends des forces... Il y a longtemps que tu es
marié ?

LE MARCHAND

Un an.

IZQUIERDO

Ah ! je comprends !... Qui es-tu donc ?

LE MARCHAND, timidement.

Salas Ina, le marchand... Sur la place Royale.

IZQUIERDO

Sur la place ? Mais oui. Tu vends des tissus, de la laine... C'est cela ?

LE MARCHAND

Oui.

IZQUIERDO

Sur la place... C'est vrai ! Riche marchand... Gros commerce... Et jolie femme, m'a-t-on dit. Elle est très admirée à la sortie de la cathédrale, chaque dimanche matin. Une taille, des épaules, des yeux ! Je ne l'ai jamais vue, note bien. Je vais rarement à la cathédrale, hélas ! Mais je le sais par certains de mes jeunes officiers... Réponds-moi donc, ta femme est très belle ?

LE MARCHAND, tête basse.

Oui.

IZQUIERDO

Et tu l'aimes beaucoup ?

LE MARCHAND, toujours tête basse.

Oui...

IZQUIERDO, qui s'amuse.

L'aimer beaucoup ne signifie pas grand-chose ! Voyons!... L'aimes-tu plus que ta vie?... Réponds!... Allons ! plus que ta vie ?

LE MARCHAND le regarde avec effroi,
puis, dans un souffle.

Oui...

IZQUIERDO, jovial.

A la bonne heure ! C'est ainsi que j'entends
l'amour !... Encore une question : à combien peux-
tu évaluer ta fortune ? Tu ne possèdes pas que ce
grand magasin sur la place ? Tu as la réputation
d'être très riche ! Parle !

LE MARCHAND, à contrecœur.

J'ai... deux maisons...

IZQUIERDO

Deux maisons ? Oh ! et pas des bicoques, j'en
suis sûr ! Des maisons de rapport, grandes, belles !
C'est cela ! Mais tu as aussi des troupeaux ! Tu as
certainement des troupeaux ! Ne me cache rien ou
il t'en cuira ! Dis-moi...

LE MARCHAND, angoissé.

J'ai douze cents têtes de bétail.

IZQUIERDO

Mais, par le sang du Christ, tu es plus riche
encore que je ne le croyais ! Et toutes ces petites
bêtes, naturellement, s'ébattent à travers des pâtu-
rages qui t'appartiennent aussi !... (*Sifflement admi-
ratif.*) Résumons : belle fortune ! Jolie femme ! Tu
es donc un homme heureux!... Réponds-moi donc!...
Veux-tu répondre ?... Es-tu un homme heureux ?

LE MARCHAND, dans un souffle.

Oui...

IZQUIERDO

Pas ainsi ! Dis-moi : je suis un homme heureux !

LE MARCHAND, d'un ton lugubre.

Je suis un homme heureux.

IZQUIERDO, à Montserrat.

A la bonne heure ! Tu as entendu, Montserrat ?
Voici un homme heureux ! Voici un homme
comblé : amour, richesse, jeunesse... Il a de la vie
les meilleurs fruits et les plus belles fleurs ! Il souhaite que cela dure, hein ? Tu t'en souviendras,
Montserrat ? (*Au potier.*) Bon. Et toi, qui es-tu ?
Un homme pauvre. Pas de fleurs. Pas de fruits ! Je
vois ça !

LE POTIER, humblement.

Je suis Luhan ! Arnal Luhan, le potier...

IZQUIERDO, amusé.

Potier !... Un potier ! Moralès qui arrête un
potier, à présent !

ANTONANZAS

Oui, c'est le fameux Luhan... Je le reconnais.

IZQUIERDO, riant.

Quoi ? Tu connais ce crapaud ?

ANTONANZAS

C'est lui qui fabrique des jarres en forme d'animaux et qui imitent le cri de la bête qu'elles représentent lorsqu'on en verse l'eau...

IZQUIERDO, sérieux.

Mais c'est très intéressant ! Explique-nous donc cela ! Comment t'y prends-tu ? J'ai vu une de tes jarres, en effet. Elle représentait un chat. Elle miaulait comme un vrai matou pendant que je la vidais ! Etonnant !

LE POTIER, mal à son aise.

J'ai vécu longtemps au Pérou. Ma famille est de là-bas. Je suis venu ici, il y a longtemps, avec une caravane. C'est dans mon pays que j'ai appris les secrets des potiers indiens d'autrefois... Je cherche à les perfectionner...

IZQUIERDO, visiblement très intéressé.

Comment cela, les perfectionner ?

LE POTIER, qui s'enhardit.

Oui... J'ai trouvé de nouvelles combinaisons pour les conduites d'eau à l'intérieur des jarres... Je voudrais imiter non plus les cris d'animaux, mais... la voix humaine...

IZQUIERDO

La voix humaine ?

LE POTIER

Oui... faire parler des jarres qui représenteraient naturellement des têtes d'hommes...

IZQUIERDO, qui paraît oublier tout le reste.

Naturellement ! As-tu obtenu déjà quelque résultat ?

LE POTIER, modeste.

Peu de chose, en vérité. J'ai pu fabriquer en argile cuite une tête d'homme qui pleure... Quand on en verse l'eau, des larmes coulent aussi par le coin des yeux et, en même temps, on entend une plainte, une sorte de sanglot...

IZQUIERDO, visiblement admiratif.

Cela me paraît remarquable !

LE POTIER, modeste.

Oh ! les anciens Indiens du Pérou savaient déjà fabriquer des jarres pleureuses...

IZQUIERDO

Je voudrais voir cela.

LE POTIER

J'habite près d'ici, monsieur l'officier.

IZQUIERDO

Oui. Tais-toi... Attends un peu... (*Il écoute, tourné vers la porte.*)

On entend de nouveau des cris au-dehors, un piétinement, des jurons de soldats.

SCÈNE IX

LES MÊMES, plus LA MÈRE,
LE COMÉDIEN, ÉLÉNA, RICARDO,
MORALÈS, DES SOLDATS

LA MÈRE, à Izquierdo.

Monsieur l'officier, ces soldats nous ont arrêtés.
Je ne sais pas pour les autres, mais, moi, je n'ai
rien fait. Je ne sais pas pourquoi on m'a amenée
ici...

LE COMÉDIEN

Moi non plus.

LA MÈRE

Je passais dans la rue, monsieur l'officier. J'allais
chercher mon pain. J'ai laissé mes deux enfants
seuls. Le plus petit a dix mois et il faut qu'il tette
tout à l'heure... L'autre a deux ans. Ils dorment en
ce moment. Mais est-ce qu'on va me retenir longtemps ?

IZQUIERDO, à Montserrat.

Tu as entendu cela, Montserrat ? Et bien ? A toi
de répondre... Tu ne dis rien ?...

Les otages regardent Montserrat avec sur-
prise.

LE COMÉDIEN

Monsieur l'officier, nous n'avons rien fait. Que
nous veut-on ? De quoi s'agit-il ? Moi, je passais
dans la rue. Je rentrais chez moi. Je viens de chez
mon ami Roig, le musicien. On peut vérifier.

IZQUIERDO, à Montserrat.

Tu l'entends aussi ? Rien fait ! Ils n'ont rien
fait !... Des innocents !

Moralès se penche vers lui et lui désigne
le comédien. Il lui parle bas à l'oreille.

IZQUIERDO, à haute voix.

Ah ! c'est lui ! Plutôt amusant. Je ne le recon-
naissais pas. Tu es vraiment Juan Salcedo ?

LE COMÉDIEN, avec élan.

Oui, monsieur l'officier. Juan Salcedo Alvarez !

IZQUIERDO

Tu es venu, il y a six mois, de Cadix, avec la
troupe des comédiens du Théâtre Royal de Séville...

LE COMÉDIEN

C'est cela même, monsieur l'officier.

IZQUIERDO

Je t'ai vu jouer un drame à bord du vaisseau
Infante Isabel, en rade de La Guayra...

LE COMÉDIEN, plein d'espoir.

En effet, monsieur l'officier ! Nous avions joué *Ascasio,* une tragédie moderne en prose... Une œuvre puissante !

IZQUIERDO, faussement aimable.

Oui, enfin, il y avait quelques outrances, des bavardages... Et le deuxième acte m'a paru trop long ! Spectacle agréable tout de même : c'était par une belle nuit de juin, au milieu de la rade toute bleue, la représentation avait lieu sur le pont, entre des rangées de fanaux allumés... Tu étais Ascasio...

LE COMÉDIEN

Oui, monsieur l'officier...

IZQUIERDO

Je te revois, oui... Enfin, je revois Ascasio... (*Il réfléchit.*) Il mourait avec beaucoup de noblesse au dernier acte...

LE COMÉDIEN

La scène au pied de l'échafaud...

IZQUIERDO

C'est cela, quand il se tourne vers ses bourreaux et qu'il refuse de les haïr, qu'il s'efforce de pardonner sincèrement...

LE COMÉDIEN

Afin de rester pur...

IZQUIERDO, vaguement ironique.

De demeurer digne de Dieu... (*Il réfléchit, tête basse, le regard fixé sur la pointe de ses bottes, les mains au dos.*) ... De vrai, Salcedo, quel beau métier que le tien ! Chaque fois, tu es un autre. Tu es toi, mais tu es aussi un autre ! Tu te multiplies à travers d'autres destins ! Tu meurs dès que s'allument les chandelles et tu renais aussitôt avec les amours, les tourments ou les douleurs d'un autre... Tu meurs cent fois et tu renais cent fois... (*Silence.*) Quelle étonnante aventure que la vie d'un comédien ! Tu es Ascasio ou Rodrigue, ou Don Juan, ou Sigismond sans cesser d'être toi-même...

LE COMÉDIEN,
avec un geste vague. Il semble gêné.

Oui, c'est un métier passionnant...

IZQUIERDO, avec un sourire glacé.

Passionnant... Je le crois volontiers. Eh bien ! Juan Salcedo Alvarez, ce soir, je vais te donner un rôle immense, à la mesure de ton génie. Ce soir, tu ne seras ni Ascasio, ni Rodrigue, ni Don Juan, ni Sigismond ! Mais Juan Salcedo Alvarez ! Ce sera ton plus beau rôle ! Celui qui marquera vraiment dans la mémoire des hommes. On parlera longtemps dans toutes les Amériques de Juan Salcedo jouant Juan Salcedo. Plus tard, on dira de toi : il a été le Cid, il a été don Juan, il a été Sigismond, mais jamais il ne fut meilleur que dans son propre personnage...

LE COMÉDIEN, mal à son aise.

Je ne comprends pas ! De quoi s'agit-il ?

IZQUIERDO

Tu le verras. Mais, d'ores et déjà, je t'annonce que tu vas jouer ou vivre — tu sais que c'est la même chose ! — un drame que j'ai conçu. Te souviens-tu de Sigismond dans *La vie est un songe ?* Il ne savait plus s'il vivait quand il rêvait ou s'il rêvait quand il vivait... Tu vas te trouver dans une situation à peu près semblable ! (*Il rit.*)

LE COMÉDIEN, inquiet.

J'aimerais savoir...

> Le P. Coronil entre lentement. Il regarde les otages sans comprendre.

SCÈNE X

LES MÊMES, plus LE P. CORONIL

IZQUIERDO, au P. Coronil.

Ah ! mon Père, venez que je vous présente le grand comédien Juan Salcedo... Il va spécialement jouer pour nous. Ce soir, cependant, il n'aura pas besoin d'effort pour faire vivre une autre âme en lui prêtant son corps... Ce qui doit beaucoup déplaire à Dieu, n'est-ce pas, mon Père ? On ne doit pas jouer à changer d'âme. Et Dieu ne doit pas

aimer qu'on joue à faire vivre sur des tréteaux, fût-
ce pendant quelques heures, une âme qu'il n'a
point créée. N'ai-je pas raison ?

LE P. CORONIL, très froid.

Que se passe-t-il ? Pourquoi tout ce monde ?
Qu'ont fait ces gens ?

LE MARCHAND, plein d'espoir, avec élan.

Mon Père, nous n'avons rien fait ! Moi, je passais
dans la rue. J'ai été soudain entouré de soldats et
traîné ici. Je n'ai rien fait. Je vous jure que je n'ai
rien fait !...

LE P. CORONIL, à Izquierdo.

M'expliqueras-tu ?

IZQUIERDO, aux otages.

Mais c'est très bien ! Je sais que vous n'avez rien
fait. C'est pour cela que vous êtes ici. Vous êtes
innocents ! Vous êtes coupables... d'innocence. Et
encore je suis indulgent. Si je traduisais la pensée
profonde du P. Coronil, je pourrais vous accuser
du plus grand des crimes... Celui d'être venus au
monde ! N'est-ce pas, mon Père...

LE MARCHAND

Mais je ne comprends pas...

LE P. CORONIL, sèchement, à Izquierdo.

Cesse ce jeu et parle !

IZQUIERDO, d'un ton dur, au marchand.

Tais-toi, tu vas comprendre... (*Il les regarde tous*

en silence.) Ecoutez-moi. Cet officier que vous
voyez là est un traître. Il sait où se cache le colonel
Bolivar. Oui, le colonel Bolivar doit être arrêté ce
soir même. Ce garçon connaît sa retraite, mais il
ne veut pas trahir son ami. C'est à vous d'obtenir
de lui qu'il vous désigne l'endroit où s'est réfugié
Bolivar. Est-ce clair ?

LA MÈRE

Mais s'il ne veut pas parler ?

LE POTIER

Il a refusé de vous l'avouer à vous. Comment
pourrions-nous obtenir qu'il nous le dise ? En quoi
tout ceci peut-il nous concerner ?

LE MARCHAND

Oui. Tout ceci ne nous concerne pas.

IZQUIERDO

C'est bien là votre erreur. Vous êtes liés à tout
ceci.

LE POTIER

C'est incompréhensible. Pourquoi sommes-nous
mêlés à cette affaire ?

IZQUIERDO

Je vais vous le dire. Il est environ trois heures
et demie. Vous resterez enfermés pendant une
heure avec cet homme.

LA MÈRE, affolée.

Une heure ?

IZQUIERDO

Si, dans une heure, il n'a pas livré son secret...

LE POTIER ET LE MARCHAND, ensemble.

Eh bien !...

IZQUIERDO

Evidemment, vous serez tous fusillés.

> Silence.

IZQUIERDO, les désigne du doigt un par un.

Tous les six...

> Silence.

LA MÈRE, timidement.

Mais, monsieur l'officier... et mes petits ?

IZQUIERDO

Leur vie dépend d'un mot de ce garçon-là... (*Aux soldats.*) Vous, veillez aux portes !

MONTSERRAT, angoissé.

Izquierdo ?

IZQUIERDO

Quoi ?...

> Ils se regardent dans les yeux.

IZQUIERDO

Je reviendrai dans une heure. (*Il va sortir et se ravise.*) Ah ! toi, le potier ? Je savais que j'avais quelque chose d'important à te demander.

LE POTIER, un peu haletant.

Oui, monsieur l'officier...

IZQUIERDO, sourcils froncés.

Je voudrais savoir... Pour imiter avec tes jarres la plainte d'un homme qui pleure, tu as dû faire comme pour un chat ou un oiseau. Tu as dû écouter longtemps un homme pleurer ?

LE POTIER

Oui, monsieur l'officier.

IZQUIERDO

Comment faisais-tu ?

LE POTIER

J'allais tous les matins... sous les fenêtres de la prison des condamnés...

IZQUIERDO

Et alors ?

LE POTIER

Il y avait... souvent... un homme qui pleurait.

IZQUIERDO, avec un sourire glacé.

Potier, tout à l'heure, je te rappellerai que tu aimais mieux tes jarres que les hommes...

Izquierdo et Moralès sortent. Le P. Coronil sort le dernier.

ACTE DEUXIÈME

SCÈNE PREMIÈRE

MONTSERRAT, LES SIX OTAGES

Montserrat est à droite, appuyé à la table, tête basse.

LE MARCHAND

Pourquoi ne veux-tu pas répondre ? Hein ? Regarde-moi !

LE POTIER

Ah ! le temps passe ! Nous avons déjà perdu plusieurs minutes... Mais parle-nous ! Dis-nous ce que tu comptes faire. Ne reste pas ainsi !

LA MÈRE

Attendez... (*Elle s'approche lentement de Montserrat et, avec timidité :*) Tu crois que l'officier fera vraiment ce qu'il dit ?... Réponds-moi, je t'en prie... Es-tu certain que, si tu ne dis rien, il nous... il tiendra sa parole ?...

MONTSERRAT, accablé.

Oui.

LE MARCHAND, avec fureur.

Ah ! tu vas nous expliquer ! Cette situation est absurde ! Tout ceci est horrible. Il faut que tu nous expliques !

MONTSERRAT, avec lassitude.

On vous a tout expliqué...

LE POTIER, atterré.

Et l'officier est capable de faire ce qu'il a dit ? Tu le connais ? Est-il capable de ce crime ? Réponds-moi !

MONTSERRAT, sans lever les yeux.

Je le connais... Il en est capable... (*Silence.*) C'est lui qui a fait enterrer vivants tous les prisonniers après la bataille de Gomara.

Les otages se regardent, horrifiés.

LE MARCHAND, atterré.

C'est lui !...

LE POTIER murmure.

Il les faisait entrer un par un dans les fosses...

LE COMÉDIEN, avec fureur et désespoir.

Mais qui es-tu, toi qui viens d'attirer sur nous le malheur ?

LE POTIER

Tu es Espagnol ?

MONTSERRAT

Oui.

LE POTIER

Et tu as caché Bolivar ?

MONTSERRAT

Oui.

LE COMÉDIEN, coléreusement.

Mais pourquoi ? pourquoi ? Tu es un traître, alors ? Tu trahis le Roi ! Tu fais cause commune avec les rebelles ? Pourquoi ?

MONTSERRAT hésite, puis regarde les otages.

Parce que... je suis avec vous !

LE MARCHAND

Qu'appelles-tu : être avec nous ?

MONTSERRAT, d'un ton saccadé.

Je suis avec vous contre les miens, contre leur oppression, leurs violences, contre cette manière terrifiante qu'ils ont de nier les hommes... Vous le voyez bien que, pour eux, la vie humaine, la dignité humaine ne comptent pas !

LE MARCHAND, hors de lui.

Ah ! que m'importe que tu sois pour ou contre les Espagnols ! Avec ou contre nous ! C'est moi ! C'est nous six, ici, qui sommes menacés ! C'est nous qu'on va tuer ! Nous voulons savoir tes intentions !

LA MÈRE

Oui, qu'est-ce que tu vas faire ?

LE COMÉDIEN, menaçant.

Dis-nous où tu as caché Bolivar ! Moi, je ne veux pas mourir comme ça ! Je n'ai rien fait ! Et je suis Espagnol ! Je rentrais chez moi. Je venais de chez Roig, le musicien. On peut vérifier. Et je n'ai jamais conspiré. Jamais. J'ai joué devant la reine, en 1807. J'ai été engagé au Théâtre royal de Madrid jusqu'à l'arrivée des Français ! J'ai toujours été fidèle à Sa Majesté ! Toujours ! J'ai refusé de jouer pour les Français !

LE MARCHAND, menaçant.

Vas-tu parler, oui ou non ?

MONTSERRAT,
angoissé, luttant contre une tentation.

Comprenez-moi...

LE POTIER, irrité.

Qu'est-ce qu'il faut comprendre ? Est-ce que nous n'avons pas compris ce qu'a dit l'officier ? Ou tu livres Bolivar, ou nous sommes tous fusillés. Ce n'est pas cela ? Moi, j'ai cinq enfants. L'aîné a douze ans à peine. En fabriquant et en vendant moi-même mes pots et mes jarres, j'arrive tout juste à les élever ! Ce n'est pas toi qui les nourriras, non ? Alors ?

MONTSERRAT, exalté.

C'est vrai. Tout cela est vrai. Chacun de vous a sa vérité qu'il défend, et sa vie, et ce qui est plus important que sa vie. Mais Bolivar reste le dernier, le seul espoir désormais pour les Vénézuéliens de se libérer des Espagnols ! Si je livre Bolivar, ce n'est pas Bolivar seul que je livre, mais la liberté, la vie de plusieurs millions d'hommes !

LE COMÉDIEN, frappé subitement.

Ah ! nous sommes perdus ! Il va refuser de le dénoncer !

MONTSERRAT, comme s'il n'avait pas entendu.

Il ne s'agit pas de vous sacrifier pour sauver un seul homme ! D'un océan à l'autre, de Guayaquil à Caracas, de Panama à Cuzco, tout le Venezuela, toute la Nouvelle-Grenade, tout un monde attend de Bolivar sa libération ! Tout un monde qui souffre sous la domination la plus cruelle, la plus féroce, la plus abjecte !

LE COMÉDIEN, atterré.

Il va refuser ! Il va nous sacrifier !

MONTSERRAT, plus calme.

Bolivar est le seul homme, le seul chef capable de conduire la guerre pour l'Indépendance contre les Espagnols et aussi de guider la Révolution, de créer sur cette terre une nation libre, une grande nation d'hommes libres !...

LE COMÉDIEN, atterré.

Cela veut dire que tu refuses de parler ?

LE POTIER

Tu n'es pas décidé à nous laisser fusiller, n'est-ce pas ?

LA MÈRE, avec angoisse.

Mais non ! Il va parler. Vous verrez ! Il va nous dire...

LE POTIER, avec violence.

Oui ou non ! Vas-tu nous avouer où tu as caché Bolivar ?

MONTSERRAT hésite à répondre.
On devine qu'il s'interroge et qu'il souffre.

Comprenez-moi...

LE POTIER, il hurle.

Non. Réponds à ma question ! L'heure passe ! L'officier va revenir. Réponds ! Réponds ! (*Il le prend par le cou.*) Ou je t'étrangle !

LA MÈRE, haletante.

Laissez-le ! Il va répondre... Vous allez voir... Il va répondre.

MONTSERRAT

Ecoutez-moi... Vous vivez tous sous la domination d'hommes féroces et impitoyables ! Etes-vous sans orgueil ? Etes-vous sans dignité ? Ne vous sentez-vous pas soulevés de haine contre les assassins de Campillo, contre les bourreaux de Cumata ? Souvenez-vous ! Mais souvenez-vous ! A Campillo, le général Rosete a fait brûler vifs tous ses prison-

niers ! A Cumata, Moralès a fait clouer aux portes
tous les enfants au berceau ! Et Antonanzas qui
collectionne les mains coupées ! Et Izquierdo qui
fait rafler les jeunes filles pour les faire violer par
ses cavaliers ! Sa police est partout, toute-puissante,
implacable, féroce... Et n'est-ce pas lui seul qui a eu
cette idée monstrueuse de nous enfermer ici ? qui
a inventé ce supplice atroce ?

LE POTIER, frappé par l'évidence.

Il va nous laisser fusiller !

MONTSERRAT

Les Espagnols ne vous considèrent pas comme
des hommes ! Mais comme des animaux, des êtres
inférieurs qu'on peut, qu'il faut exterminer ! Tant
d'horreurs, tant de bestialités ne vous révoltent-elles
pas ? Ne peuvent-elles suffire à vous soulever
contre ces brutes jusqu'au dernier sacrifice ? La
défaite des révolutionnaires à San Mateo, est-ce la
fin de tout espoir ? Mais non ! Je vous le dis ! Je
vous le crie ! Il faut qu'on regroupe les partisans !
Il faut refaire l'armée de l'indépendance ! Bolivar
seul peut accomplir la révolution ! Il faut qu'il soit
sauvé ! Il le faut à tout prix !

LE MARCHAND se rue sur lui, fou de colère.

Oui ou non ! vas-tu nous dire où il se cache ?
Oui ou non ? Mais parle ! (*Il le tient à la gorge et
le gifle.*) Mais parle ! Parle donc ! Canaille !

MONTSERRAT, qui l'a repoussé sans brutalité.

Grâce à Bolivar, l'heure viendra où ce pays sera

délivré ! où ce pays, je vous le répète, deviendra une grande nation d'hommes libres ! Grâce à Bolivar !

LE COMÉDIEN

Ecoute donc ! Tu ne peux pas faire cela ! Tu ne peux tuer six êtres pour en sauver un seul !

MONTSERRAT

Comprenez ! Comprenez ! Je sais bien qu'il vous est dur de comprendre... Ce n'est pas la vie de six êtres contre celle d'un seul ! Mais, contre la liberté, la vie de milliers de malheureux !

LE COMÉDIEN, qui redoute la réponse.

Alors... tu ne... diras rien !...

MONTSERRAT, il ne répond pas tout de suite.
On sent de nouveau qu'il lutte contre lui-même.
Enfin, il dit avec effort.

Je ne sais pas ! Je ne sais plus !... Je voudrais pouvoir... Je voudrais comprendre moi-même... savoir si j'ai raison... si je ne me trompe pas !...

LE COMÉDIEN, insinuant.

Mais oui ! Réfléchis !... Tu es intelligent ! Tu vas découvrir toi-même que ton obstination est insensée ! que ce marché lui-même est monstrueux !... Six personnes vivantes ! Cela compte ! Dieu te regarde ! Il va t'aider ! Ecoute donc sa voix ! notre souffrance, notre désespoir ! Tu as tout cela sous les yeux ! Laisse ton cœur s'ouvrir ! Laisse entrer Dieu dans ton âme !

MONTSERRAT

Mais n'est-ce pas Dieu qui nous envoie cette épreuve ? Et ne devons-nous pas tous ensemble l'accepter, la surmonter ? Ne devons-nous pas mériter le ciel ? Ah ! réfléchissez vous-mêmes ! Il s'agit moins, ce soir, de sauver nos corps que de sauver nos âmes ! (*Avec une exaltation croissante.*) Il s'agit ce soir de mourir pour sauver des millions d'êtres, pour les sauver du malheur et, par là, de rester dignes du sacrifice du Christ ! La mort vous épouvante, mais cette mort est une richesse miraculeuse ! Nous perdrons nos corps, mais nous serons sauvés à jamais. Tous ceux que Dieu choisit doivent être persécutés ! Dieu est avec nous ! J'en suis sûr ! Il vous a pris dans la rue, guidés sur la place, marqués comme moi de son signe ! Au lieu de vous révolter, vous devriez prier et vous élever jusqu'à lui ! Nous ne pouvons comprendre ses voies, mais nous devons nous incliner devant sa volonté !

LE MARCHAND

Il délire !

LE POTIER

Mais non ! Vous voyez bien ! Il refuse de parler !

LE MARCHAND

Il ne dénoncera pas Bolivar !

LE POTIER

Nous sommes perdus !

LE MARCHAND

Chien ! Nous allons bien t'obliger à parler ! Tu
gagnes du temps, avec tes divagations ! Mais l'heure
passe ! Tu vas parler ! Il faut que tu parles !

LE POTIER

Ce n'est pas possible ! Tu ne vas pas nous laisser
ainsi ! Il faut que tu parles ! J'ai cinq enfants ! Qui
va les nourrir ! Ils sont tout jeunes ! Si c'est la
main de Dieu qui nous frappe, c'est injuste ! Dieu
se montrerait injuste et cruel ! Mais je ne veux pas
le croire !

LE COMÉDIEN

Non. Je comprends ton jeu ! Tu cherches à nous
égarer ! Tu cherches à nous faire admettre que c'est
Dieu qui nous a conduits ici, que c'est sa volonté
qui nous tient ici ! Mais même si nous admettons
cela, Dieu te laisse, à toi, la liberté de choisir ! Que
Dieu, ou le destin, ou la malchance nous aient
menés ici, tu restes libre de choisir entre Bolivar
et nous ! C'est toi, en définitive, qui peux, ou nous
épargner, ou nous jeter devant les fusils des Espagnols ! Inutile de me répondre qu'en choisissant de
nous sacrifier tu obéis à quelque injonction divine,
à un avertissement supérieur ! Nous ne sommes pas
des enfants ! Tu ne nous abuseras pas ! Nous
savons que tu peux choisir et tu dois le faire selon
la raison !

MONTSERRAT

Je sais... Je sais aussi que je peux choisir, et c'est
cela précisément qui m'épouvante. Quel que soit

mon choix, je serai fusillé... Ne comprends-tu pas que c'est cette liberté qui me torture en ce moment plus que la certitude de mourir ?... Mais peut-être est-ce là l'épreuve que Dieu me réserve ?... Dieu reconnaît peut-être les siens en les abandonnant d'abord à cette liberté...

Silence.

LE COMÉDIEN

Réfléchis bien ! Ecoute la raison ! Si tu choisis de sauver Bolivar, tu assassines six innocents ! Pense que moi-même je ne suis pas créole, je suis Espagnol ! C'est injuste !

MONTSERRAT, douloureusement.

Assassiner six innocents ! Mais il y a des millions d'innocents qui espèrent en Bolivar...

LA MÈRE, elle se met à pleurer et murmure.

J'ai deux petits...

Montserrat la regarde fixement. Il est
oppressé.

LE COMÉDIEN, il observe Montserrat et la mère.
Son regard va de l'un à l'autre. Puis :

Ecoute ! Peut-être ne pourrons-nous pas te flé-chir nous-mêmes ! Mais vois cette femme. Elle a deux petits. L'un a dix mois à peine. L'autre tout juste deux ans. Elle était sortie pour aller acheter du pain. Elle ne comptait s'absenter de chez elle que quelques minutes. Elle les a laissés enfermés. C'est une veuve. Je la connais. Sa maison est isolée. Il faut qu'elle retourne chez elle. C'est bien, que tu

aimes ton ami. Mais elle, elle aime aussi ses petits !
Il faut qu'ils vivent ! Tu ne peux pas les laisser
mourir, et de cette manière !

MONTSERRAT, ému, détourne les yeux.

Après la bataille de Siquisèque, nos officiers obli-
geaient les prisonniers à massacrer leurs propres
femmes et leurs propres enfants ! Ceux qui refu-
saient étaient enterrés vifs et...

LE COMÉDIEN l'interrompt.

Oui. C'est horrible ! Mais ce serait horrible aussi
de laisser mourir de faim ces deux petits, enfermés,
seuls, là-bas, dans une maison isolée...

MONTSERRAT, même jeu.

Quelques jours après la défaite de Miranda,
j'avais reçu l'ordre d'arrêter Bolivar. Je l'ai trouvé.
J'ai parlé avec lui toute une nuit. Je sais qu'il
recommencera la guerre !

LE POTIER, angoissé.

Tu vas nous laisser massacrer !

MONTSERRAT

Il délivrera ce peuple du plus abominable des
servages !

LE COMÉDIEN

Mais cette femme ! Cette femme aussi existe ! Et
ses petits sont innocents ! (*Il crie.*) In-no-cents !
C'est bien que tu sois pour le peuple ! Que tu
veuilles sauver ton ami. Mais il faut aussi sauver
ses enfants !...

LA MÈRE,
avec douceur, en avançant vers Montserrat.

Ils vont se réveiller. Pablito criera de faim !

LE COMÉDIEN

Ces enfants n'ont rien fait ! Il faut, toi aussi, que tu réfléchisses à cela !

MONTSERRAT, pour lui-même.

Des milliers d'enfants, à cette heure, naissent esclaves par tout ce pays...

LE POTIER

Mais qu'est-ce qu'il dit ?

LE COMÉDIEN, brisé.

Tu le sais bien ! Qu'il ne parlera pas.

LE MARCHAND, hors de lui.

Qu'il ne parlera pas ! Mais c'est un monstre ! Un assassin ! Plus féroce cent fois que les autres Espagnols ! Il faut que je sorte d'ici ! Il faut que tu parles !

LE COMÉDIEN, haletant d'angoisse.

Tout est inutile. Il ne parlera pas. Mais moi, enfin, je n'ai jamais conspiré. J'ai toujours été fidèle au Roi. Mes camarades de la troupe le savent. Il suffira de les interroger. Je ne veux pas être condamné pour une cause qui n'est pas la mienne. C'est insensé ! Je le dirai à l'officier, tout à l'heure. Après tout, je suis Espagnol comme lui ! Il comprendra. Il faudra qu'il comprenne !

LE MARCHAND
Imbécile ! Il ne voudra rien comprendre !

LE COMÉDIEN
Pourquoi dis-tu ça ? Hein ? Pourquoi ?

LE MARCHAND
Tu sais comme moi que c'est exactement ce que l'on veut : des innocents ! Pour faire parler ce bandit ! C'est à devenir fou ! Et j'ai ma femme qui doit s'inquiéter, déjà ! Et je ne sais même pas si je la reverrai... A cause de cette crapule !

LE COMÉDIEN, pour lui-même.
Il faudra qu'il comprenne...

LE POTIER
Nous allons tous être massacrés !

LE MARCHAND
Ma femme m'attend.. Si je ne l'avais pas, ce serait peut-être plus facile. Mais elle m'attend. Elle doit être déjà à la fenêtre. Nous sommes mariés depuis à peine un an, et c'est trop court, un an de bonheur !

LE POTIER
Toi, tu n'as personne. Pas de femme, de fils, de famille ! Rien ! Tu acceptes de mourir. Mais moi, j'ai cinq enfants ! Les autres, les millions d'autres... Tu es fou ! Que m'importent les autres ? Si tu avais cinq enfants comme moi, cinq enfants qu'il faut nourrir, vêtir, protéger... tu te soucierais peu de tes

millions d'inconnus... qui, eux, sont bien assez grands pour se défendre...

LE COMÉDIEN

Mais Bolivar lui-même, ton ami, s'il savait que nos vies, et plus que nos vies, le salut et le bonheur de ceux que nous aimons dépendent de lui, ah ! je suis sûr qu'il se livrerait ! J'ai entendu parler de lui. On m'a dit qu'il est brave et généreux ! Il ne supporterait pas que des enfants innocents paient à sa place...

MONTSERRAT, morne.

Bolivar n'a plus le droit de se livrer.

LE COMÉDIEN

Qu'est-ce que tu dis ?

MONTSERRAT, plus haut.

Bolivar ne s'appartient plus, à présent. Il appartient tout entier à la cause qu'il a lui-même fait surgir par-dessus des milliers de morts...

LE MARCHAND, fou de terreur.

Ah ! vous voyez bien ! Vous voyez bien ! Tout est inutile ! Il ne parlera pas ! Mais je vais lui crever les yeux ! Je veux lui arracher les yeux ! (*Il se rue sur Montserrat, le gifle à la volée et le prend à la gorge. Ricardo se jette sur le marchand et le maîtrise.*)

RICARDO

Attendez ! Attendez !

LE MARCHAND, il se débat.

Le chien ! Lâchez-moi !

LE COMÉDIEN

Laisse-le parler !

LE MARCHAND

A quoi bon ! Autant supplier un mur !

RICARDO, à Montserrat.

Je hais les Espagnols... Je sais ce que vaut Simon Bolivar. Mais es-tu certain... qu'il rejoindra Puebla ?...

MONTSERRAT

Si je n'avais pas cette certitude où crois-tu que je prendrais tant de courage en ce moment ?

RICARDO

Oui. Mais... j'ai peur de... tout à l'heure !... Mon père a été fusillé, déjà, quand j'avais à peine cinq ans ! Ils ont mis le feu à la maison. Ma mère est seule. Ce sera... très dur, pour elle aussi.

MONTSERRAT, morne.

Oui.

RICARDO

Tu as bien réfléchi, toi-même ?... Il s'agit, n'est-ce pas, de nous sacrifier tous les six pour sauver un homme dont les exploits sont à venir.

MONTSERRAT, oppressé.

C'est cela.

RICARDO

Six vies humaines supprimées à coup sûr, six vies humaines avec toute la charge qu'elles représentent d'espoirs, de fragiles bonheurs terrestres. Tu as bien réfléchi ? Cette mère et ses deux enfants menacés, cet homme et la femme qu'il aime plus que lui-même, ce père et ses cinq fils trop jeunes encore. Tout cela existe. Tout cela est réel, fait de chair et de sang. Et, l'anéantir, c'est aussi ouvrir d'autres portes au malheur, jeter sur d'autres êtres du désespoir, de la douleur et des larmes. Quelle vérité peux-tu donc opposer à cela, puisque Bolivar, poursuivi, risque d'être arrêté ce soir même ? Puisqu'il est malade et que la mort peut le ravir pendant la nuit. Et qui te dit que cette mission pour laquelle tu le préserves, qui te dit que la Providence lui permettra de l'accomplir ?... Réfléchis bien. Six vies humaines sacrifiées à coup sûr contre les exploits incertains d'un homme malade et rigoureusement traqué !

MONTSERRAT, morne.

J'ai bien réfléchi... Mais c'est notre dernière chance...

RICARDO, accablé.

Ah ?... mourir, oui. Mais mourir ainsi.

LE POTIER

Assez, tous les deux ! Le temps presse ! Tu vois bien qu'il ne parlera pas ! que rien ne pourra convaincre ou fléchir cet insensé !

RICARDO

Tais-toi. (*Comme pour lui-même.*) Moi aussi, j'ai encore dans la tête les cris des égorgés de Siquisèque. Et, quand je ferme les yeux, j'ai, incrustée sous les paupières, l'image des morts dans les fosses de Cumata... (*D'un ton plus saccadé.*) Moi aussi, je sens sur moi le mépris des Espagnols, comme une main de pierre. Partout et jusque dans ma maison. Mais ma mère est vieille et seule et elle a déjà tant pleuré...

MONTSERRAT, exalté.

C'est la dernière chance. Si elle s'éteint, si Bolivar est pris ou s'il échoue, alors ce sera la nuit complète et pour toujours sur des millions et des millions d'hommes, d'un bout à l'autre de ce continent. Il faut sauver cette chance. Il le faut ! J'ai choisi. Je crois que j'ai raison... Je le crois... Je veux le croire !...

LE POTIER

Assez ! Assez ! Tout cela est absurde ! Tout cela est criminel ! Assez ! Ils vont nous tuer ! Il faut qu'il parle !

LA MÈRE, alarmée.

C'est vrai ! L'heure passe ! Ah ! Seigneur !

LE COMÉDIEN, frénétiquement.

Oui, il faut qu'il parle ! Vite ou, sinon, malheur sur nous ! Que faire, vous autres ?

LA MÈRE, pour elle-même.

Pablito a dû déjà se réveiller. Il doit crier, à présent ! (*A Montserrat.*) Je t'en supplie ! Regarde ! Mes seins sont lourds de lait ! Je ne peux plus rester ici...

LE COMÉDIEN, prêt à pleurer.

Il faut faire quelque chose ! Mais faites quelque chose ! Parlez-lui !

LE MARCHAND, résolument.

Ecoute ! Je suis riche ! Je te donne tout ce que j'ai. Avec ma fortune, tu pourras continuer la guerre. Bolivar peut disparaître. Toi, tu pourras continuer. J'ai des fermes, des troupeaux. Tu pourras armer beaucoup d'hommes contre les Espagnols. Je te le dis devant témoins !

LE POTIER

Accepte ! Accepte donc ! Tu seras riche ! Tu es jeune ! Que t'importent les autres ! Tu pourras partir en Europe ! Avec cette fortune, tu seras maître de ta vie. Dis que tu acceptes ! Nous sommes tous témoins ! Nous avons tous entendu ! Il a promis !

MONTSERRAT, avec simplicité.

Que j'accepte ou non de livrer Bolivar, les Espagnols ne me relâcheront jamais !

LE POTIER, fou de terreur et de colère.

Tuons-le ! Il faut l'étrangler ! Il n'aura rien dit, mais, puisqu'il sera mort, on ne pourra rien exiger de nous ! Aidez-moi ! Il faut le tuer !

LE MARCHAND

Il faut le tuer ! Il a raison !

> Ils se ruent sur Montserrat. Courte lutte.
> Des escabeaux tombent.

LE COMÉDIEN tente de les retenir en hurlant.

Non ! Pas cela ! Ils nous châtieront ! Ils nous tor-
tureront ! Pas cela !

> Ricardo intervient également. Cris. La
> mère et Éléna se serrent l'une contre
> l'autre et regardent, terrifiées, la bagarre.

SCÈNE II

LES MÊMES, plus MORALÈS ET DES SOLDATS
alertés par le bruit.

MORALÈS, dès le seuil et d'un ton menaçant.

Silence ! Ne bougez pas ! (*Au potier.*) Toi !
Lâche-le ! (*Le potier s'écarte de Montserrat. Il
avance lentement dans la salle.*) Que se passe-t-il ?...
En voilà des cris !... Pourquoi ne répondez-vous
pas ?... Ah ! je comprends !... Eh bien ! a-t-il parlé ?
Avez-vous obtenu quelque chose ?

LE POTIER

Il n'a pas encore parlé ! Mais nous avons du
temps, monsieur l'officier ! Nous allons tout tenter...

MORALÈS, bourru.

Oui. Mais ne tentez pas de le tuer. C'est un plaisir que nous nous réservons ! Compris ?

LE POTIER

Oui, monsieur l'officier.

MORALÈS

Et il faut vous presser ! Hein ? Parce que la
montre a déjà trotté ! Il ne vous reste pas tellement de temps ! Mais vous ne trouvez pas de moyen
pour le faire parler ? Vous manquez d'imagination !
Un corps d'homme, c'est pourtant farci d'endroits
sensibles ! (*Il rit.*) Au lieu de tant bavarder, met-
tez-lui, par exemple, le ventre sous un pied de la
table et grimpez tous dessus ! (*Les soldats s'esclaffent.*) Ou bien vous prenez un escabeau...

SCÈNE III

LES MÊMES, plus IZQUIERDO. Il est entré
lentement en fumant.

IZQUIERDO

La paix ! Moralès !

MORALÈS

C'est qu'ils allaient le tuer, ces imbéciles !

IZQUIERDO

Oui. Cela suffit... Il n'y a qu'à commencer.

LE POTIER, alarmé.

Monsieur l'officier, vous aviez dit une heure.

IZQUIERDO hausse les épaules.

Trop long. Et j'ai envie d'appliquer intégrale-
ment ma méthode. (*Silence. Il regarde Eléna.*)
Mais, par le sang du Christ ! elle est adorable, cette
petite fille ! Mais je ne m'en étais pas aperçu, tout à
l'heure ! Où avais-je les yeux ? C'est impardon-
nable ! (*Il s'approche d'elle en souriant.*) Comment
t'appelles-tu ?

ÉLÉNA, oppressée.

Eléna.

IZQUIERDO

C'est joli, Eléna... E-lé-na ! Indienne, non ?

ÉLÉNA

Ma mère était Indienne.

IZQUIERDO

Enfant de l'amour... C'est pour ça que tu es si
belle.

ÉLÉNA

Ma mère était servante chez un Espagnol qui l'a
violée.

IZQUIERDO

Chance sur lui qui t'a engendrée ! Et qu'elle soit
dans la gloire celle qui t'a mise au monde ! Quel
âge as-tu, petite fleur ?

ÉLÉNA

Dix-huit ans !

IZQUIERDO

Et tu es vierge ?

ÉLÉNA baisse la tête.

IZQUIERDO, avec son ironie habituelle.

Trésor merveilleux ! Moralès, quelle idée de
génie j'ai eue là ! Mais où donc avais-je les yeux,
tout à l'heure ? Sans doute étais-je trop ébloui !...
(*Moralès et les soldats rient complaisamment. A
Eléna.*) Tu seras épargnée, naturellement. Ce soir,
tu deviendras ma femme... Ça te plaît ?... (*A Moralès.*) Il suffira de fusiller ces cinq-là.

LE POTIER

Mais, monsieur l'officier... vous aviez dit une
heure... Laissez-nous cette chance...

IZQUIERDO

Tais-toi. Je fais ce que je veux ! (*A Eléna.*) Tu
ne m'as pas dit si cela te plaît ?

ÉLÉNA, doucement.

Je veux être fusillée avec les autres.

IZQUIERDO, joli-cœur.

Méchante ! Adorable méchante ! (*Il s'approche
davantage et lui caresse les cheveux. Elle se tient
toute droite, très pâle.*) Et comme je t'aime ainsi...
Tu as de beaux cheveux... (*Il lui caresse les seins.
Elle se recule.*) Et des seins de déesse, mon adorable Eléna... (*A Montserrat, avec ironie.*) Et toi,
tu ne t'es pas laissé fléchir par les supplications
d'une beauté comme elle ? Ces yeux ne t'ont-ils pas
fait fondre le cœur ? Et cette voix plus douce que
la musique céleste n'a-t-elle pas pu toucher ton
âme ? Ce que tu es dur, Montserrat ! Quel bloc de
granit !

MONTSERRAT, avec lassitude.

Elle seule n'a pas ouvert la bouche...

IZQUIERDO

Tiens ! (*Un silence. Il la regarde avec beaucoup
d'attention.*) Tu te résignerais vraiment, jolie
Eléna, à mourir pour ce Bolivar que tu ne connais
même pas ? Vraiment ?

ÉLÉNA, très pâle, mais fermement.

Je suis sûre qu'il faut à tout prix sauver Bolivar.
Et j'ai mes deux frères à Puebla, chez les révolutionnaires.

IZQUIERDO, épanoui.

Moralès ! Elle me plaît de plus en plus. Ce soir,
elle et moi souperons en tête-à-tête ! Tu feras pré-
parer une table dans ma chambre. Du malaga,

naturellement. (*A Eléna.*) Aimes-tu le malaga ou préfères-tu du xérès ?...

ÉLÉNA

Je veux subir le sort de ces gens...

IZQUIERDO, jovial.

Allons. Allons. Tu serais la première fille de ce pays que je verrais préférer six balles dans la poitrine à... (*Moralès et les soldats s'esclaffent. Izquierdo se tourne vers eux.*) Vous, la paix ! (*A Eléna.*) Ma belle, quand un officier du roi fait à une Indienne l'honneur de coucher avec elle, il faut qu'elle le remercie très humblement... Mais j'aime assez que cela te déplaise. (*A Moralès.*) Quant à eux, commence par celui que tu voudras.

LE POTIER

Mais, monsieur l'officier ! Il va peut-être consentir...

IZQUIERDO

Ah ! Potier ! encore toi ! Tiens, Moralès, commence par lui. Il m'agace... Allez ! Au mur !

LE POTIER, affolé.

Mais je vous jure que je ne suis pas coupable ! que je n'ai rien fait !

IZQUIERDO, ironique.

Imbécile ! Imagine-toi que tu meurs d'un accident ou d'une maladie foudroyante. Ça t'aidera !

LE POTIER
J'ai cinq enfants, monsieur l'officier...

IZQUIERDO
Mon cher, tu ne vas pas t'imaginer aussi que, parce que tu as fait cinq enfants à ta femme, tu as droit à l'immortalité, non ?

LE POTIER, atterré.
Mais quel crime ai-je commis ? Que me reprochez-vous ? Pour condamner à mort quelqu'un, il faut qu'il ait commis un forfait ? Monsieur l'officier, je vous jure...

IZQUIERDO
Tu m'agaces. Premièrement, pour mourir, ce n'est pas vrai, il n'est pas nécessaire d'avoir commis un crime. Tu en as la preuve. D'ailleurs, quand un brave homme meurt bêtement d'une maladie, personne ne songe à protester contre la volonté de Dieu. On se résigne... Je veux que tu te résignes aussi. Deuxièmement, tu sais bien que, de toute façon, ce n'est pas moi que tu dois fléchir. Tu sais bien que ta vie dépend d'un mot de ce garçon ! Alors !... (*A Montserrat.*) Tu ne dis rien ? (*A Moralès.*) Emmène-le...

LE POTIER, il se débat entre les soldats.
Non ! Non ! je vous en supplie ! Ecoutez-moi !

MORALÈS, brutal.
Assez ! Marche donc ! animal !...

A cet instant, le comédien se met à pleurer.

IZQUIERDO, au groupe qui va sortir.

Attendez ! (*Au potier.*) Ecoute donc !... (*Silence.*)
Tu me parlais tout à l'heure d'une jarre pleureuse.
Est-ce que tu as réussi à imiter cela ? (*Il tend le
bras vers le comédien.*)

LE POTIER, hagard.

Oui, monsieur l'officier.

IZQUIERDO

Exactement cela ?

LE POTIER

Oui, monsieur l'officier.

IZQUIERDO, lentement.

Il a dû te falloir beaucoup de patience ? (*Silence.*)

LE POTIER se met à trembler.

Oui...

IZQUIERDO

Tu es un grand artiste. Oui. Je suis sincère ! Je
t'admire !... Je t'admire et cependant tu me répu-
gnes aussi. Je suis tout de même satisfait de te faire
fusiller... (*Avec un sourire.*) Car je trouve ignoble
que la souffrance de pauvres gens que j'allais faire
mourir ne t'ait servi qu'à fabriquer tes misérables
jouets de terre cuite !...

LE POTIER balbutie.

Monsieur l'officier...

IZQUIERDO, avec ironie.

Plus un mot ! Et... efforce-toi de mourir brave-
ment !... (*A Moralès.*) Moralès !

> Moralès fait signe aux soldats qui entraînent
> le potier. On l'entend hurler. Puis ses
> cris se perdent. Alors commencent à bat-
> tre, derrière le mur, des tambours. Ils
> battent lentement, sur quatre temps.

SCÈNE IV

LES MÊMES, moins LE PREMIER OTAGE

LA MÈRE, hagarde.

Monsieur l'officier ! Par pitié ! Laissez-moi partir ! Au moins que je parte, moi ! J'ai deux petits
enfants ! Ils sont enfermés !

IZQUIERDO

Tais-toi !

LA MÈRE

Par pitié ! Ce n'est pas juste pour les petits ! Ils
sont tout seuls ! Par pitié ! monsieur l'officier !

IZQUIERDO, avec ironie.

Eh ! Montserrat ! Ces accents te laissent-ils insen-
sible ? Compliments ! Tu as des nerfs d'acier. Eton-

nons-nous ensuite qu'on dise que nous autres, Espagnols, n'avons aucune pitié ! Allons ! Montserrat !
Moi-même, je me sens ému...

MONTSERRAT, avec effort.

Izquierdo ! Pour une fois, soyez clément !

IZQUIERDO le regarde fixement.

Tiens ! (*A Moralès.*) Moralès !

Derrière le mur, le roulement des tambours se précipite. Ils annoncent que
l'exécution du premier otage est immi-
nente.

MORALÈS

A vos ordres ?

IZQUIERDO, lentement.

Moralès, mon petit, tu feras fusiller cette femme
la dernière.

ACTE TROISIÈME

MONTSERRAT, IZQUIERDO, MORALÈS,
LE P. CORONIL, LA MÈRE, ÉLÉNA, LE
COMÉDIEN, LE MARCHAND, MOINES,
SOLDATS

Au lever du rideau, Montserrat est à droite,
appuyé à la table. Izquierdo est assis sur
l'un des tabourets, au milieu de la scène.
Soldats devant la porte.

IZQUIERDO

Eh bien ! Ce pauvre potier ! Il laisse cinq orphe-
lins !... Tu ne dis rien ?... (*Derrière le mur, les tambours battent en sourdine, par moments.*) Montserrat, tu es toujours convaincu qu'il faut sacrifier
ces gens-là pour sauver Bolivar ? Tu es sûr de ne
pas te tromper ? Ce serait monstrueux, n'est-ce pas,
si tu te trompais ?... (*Silence.*) Bon ! Moralès ! Conti-
nuons ! (*A Montserrat.*) Souviens-toi que je suis
aussi entêté que tu peux l'être !

Des otages gémissent. Quand Moralès s'avance
vers eux, ils reculent et se serrent les uns

contre les autres. Moralès semble embar-
rassé pour choisir. Tous le regardent inten-
sément. Il désigne le marchand.

MORALÈS

A toi !... Allons, avance !

LE MARCHAND

Pourquoi à moi ?

MORALÈS

Je te dis d'avancer !

Un des soldats donne une bourrade au marchand, qui gémit.

LE MARCHAND, atterré.

Non ! C'est impossible !... C'est impossible !

IZQUIERDO

Ne dis pas de bêtises !

LE MARCHAND

Je vous dis que c'est impossible ! que je ne peux
pas mourir ainsi ! (*Il continue à gémir en pétris-
sant ses mains fébrilement.*)

IZQUIERDO

Montserrat ! Ce n'est pas beau un homme qui a
peur de mourir ! Regarde-le donc, ce malheureux !
Si notre ami le potier n'avait pas été fusillé, cette
plainte et ce visage lui auraient inspiré une de ses
plus belles jarres. Ne crois-tu pas aussi ?

LE MARCHAND

J'ai toujours été fidèle au Roi. On peut demander à mes voisins. Interrogez-les, vous verrez ! Beaucoup de gens me connaissent, dans cette ville !
Interrogez-les !

IZQUIERDO

Donc, te fusiller est doublement injuste ? D'abord,
tu n'as rien fait... Et, de plus, tu es loyal envers
nous ! C'est cela ?

LE MARCHAND, illuminé par un espoir fou.

Oui. C'est cela, monsieur l'officier !

IZQUIERDO, sarcastique.

Tu entends, Montserrat ? Ce cas est intéressant.
Tu devrais y réfléchir avec plus d'attention que
pour les autres ! (*Au marchand.*) Tu sais bien que
ce n'est pas moi qu'il faut convaincre ! Mais lui...
Moi, je te comprends, je te comprends parfaitement ! (*A Montserrat.*) Tu ne dis rien ? La vie d'un
brave commerçant t'importe peu ? (*Au marchand.*)
Tant pis pour toi. Je regrette ! As-tu quelque chose
de plus important à dire avant de mourir ? Essaie
de trouver quelque chose ! Défends-toi donc !

LE MARCHAND balbutie.

Monsieur l'officier...

IZQUIERDO

Parle plus haut ! Nous t'écoutons !

LE MARCHAND, avec effort.

Monsieur l'officier, je... suis riche...

IZQUIERDO, surpris.

Alors ?

LE MARCHAND

Est-ce que... je ne peux pas... racheter... (*Il s'arrête de parler en voyant le sourire d'Izquierdo.*)

> Izquierdo se lève lentement sans quitter le marchand des yeux et sans cesser de sourire.

IZQUIERDO

Vous l'entendez ? Vous l'avez entendu, vous autres ? Vous avez compris ? (*Il rit.*) Il me propose d'échanger sa vie contre sa fortune... Convenez qu'il faut être commerçant dans l'âme pour avoir pareille idée ! (*Silence.*) Mais, voyons, réfléchissons un peu... (*Il fait mine de réfléchir, bras croisés, les yeux au plafond.*) Ré-flé-chis-sons... Ta vie, pour moi, n'a d'intérêt que dans la mesure où elle me permet de faire pression sur cet entêté. Cela revient à dire que ta vie ne vaut rien, strictement rien à mes yeux, si sa mise en jeu ne fait pas avouer Montserrat. Au contraire, ta vie est sans prix pour moi si, pour l'épargner, ce garçon-là consent à nous livrer Bolivar. Bolivar libre d'agir peut mettre en danger la domination du Roi sur tout ce continent. Donc un mot, un seul mot de Montserrat, et ta vie vaut (*avec emphase*) tout l'Empire d'Espagne des Indes Occidentales !... Est-ce vrai ? (*Il rit, puis, soudain sérieux, se rapproche du mar-*

chand à le toucher.) Or, toi, Marchand, tu veux échanger cela pour... combien m'avais-tu dit ?... Deux maisons et douze cents têtes de bétail ? C'est cela ? Voyons ! C'est se moquer ! Tu te moques de moi, Marchand !

Le marchand fait signe que non. Silence.

IZQUIERDO, il réfléchit en caressant sa barbe.

J'ai réfléchi... J'ai un autre marché à te proposer. Un marché moins ridicule que celui que tu as eu l'audace de m'offrir... Tu me parlais de ta femme, tout à l'heure... Elle est très belle et tu l'aimes ?

LE MARCHAND, angoissé.

Oui !

IZQUIERDO, lentement.

Tu m'avais dit aussi que tu l'aimais plus que ta vie ! Tu te souviens !

LE MARCHAND

Oui.

IZQUIERDO, sans le lâcher des yeux.

Eh bien ! je te laisse la vie sauve... si tu me livres ta femme...

Silence. Izquierdo observe très attentive-
ment le visage du marchand, dont les
lèvres tremblent.

IZQUIERDO

Tu as bien compris ! Ou tu es fusillé dans quel-ques minutes, ou tu es libre à la condition que ta

femme couche ce soir dans mon lit... Décide toi-
même ! Me la donnes-tu ?

> Derrière le mur, les tambours battent tou-
> jours à intervalles rapprochés. Le mar-
> chand, hagard, écoute ce bruit avec hor-
> reur.

IZQUIERDO, durement.

Me la donnes-tu ?

> Le marchand pétrit toujours ses mains
> sans répondre.

IZQUIERDO

Tu as trois secondes pour décider... (*Silence.*) Me
la donnes-tu ?

LE MARCHAND, dans un souffle.

Oui...

IZQUIERDO, avec un sourire inquiétant.

Ah ! Marchand, j'ai à présent l'impression que, si
j'acceptais ce marché, je serais un peu la dupe.
Tout à l'heure, tu cherchais déjà à me tromper en
me faisant miroiter que ta femme était un être sans
prix, un joyau inestimable, et tu me la cèdes contre
ta vie avec une facilité qui me paraît suspecte !...

> Silence. Le marchand, tête basse, respire mal.
> Il a les bras ballants. Il semble désemparé.

IZQUIERDO secoue la tête et, sans ironie.

Allons, je vais cesser ce jeu. Ce n'est pas moi que
tu trompais, mais toi-même. Tu as cru sincèrement
jusqu'ici que ta femme valait plus que ta vie. Tu

vivais de cet amour mais tu souffrais aussi de cet amour. Nuit et jour tu craignais pour lui. Il était ta félicité et ton tourment. Grâce à moi, et à ces circonstances, tu as pu le ramener à ses justes proportions. Je suis presque en droit d'attendre des remerciements... (*A Montserrat.*) Allons, Montserrat ! Voici l'homme ! Lèveras-tu la main pour lui ? Sa vie vaut plus que son honneur et plus que son amour ! A toi d'en disposer ! Tu ne dis rien, n'est-ce pas ? Tu fais la fine bouche ! Ces marchandages te choquent. (*Au marchand.*) Il refuse. Que veux-tu ? Tant pis pour toi !... Ah ! naturellement je refuse aussi ta femme ! Elle doit être moins belle que je ne le croyais !

LE MARCHAND

Monsieur l'officier !...

IZQUIERDO

Mais ne crains rien ! Il ne manquera pas de beaux cavaliers qui se feront une joie de consoler ta jeune veuve. Meurs tranquille ! Elle ne risque pas de passer dans l'abstinence le reste de ses jours !

LE MARCHAND, révolté.

Canaille ! Canaille ! (*Il se jette soudain sur Izquierdo, mais on le maîtrise. Il est entraîné, tandis qu'il hurle et qu'Izquierdo regarde fixement Montserrat.*)

SCÈNE II

LES MÊMES, moins LE MARCHAND
et un des MOINES

> On entend battre les tambours plus fort.
> Leur roulement s'amplifie peu à peu.
> Tout le monde écoute. Montserrat, très
> pâle, est penché en avant.

IZQUIERDO

Montserrat ! Un mot de toi, et cet homme est
sauvé !

> Montserrat ferme les yeux sans répondre.

IZQUIERDO, après un silence.

Il descend l'escalier... Il tourne l'angle du mur.
(*Silence.*) A présent, on lui bande les yeux...
(*Silence.*) Allons, Montserrat, vas-tu le laisser mou-
rir aussi comme ce pauvre potier ? (*Silence.*) Il est
conduit face au peloton... Les soldats s'apprêtent...
(*Montserrat se mord les poings.*)

> Au même instant, on entend la décharge,
> puis, isolé, le coup de grâce.

IZQUIERDO

Trop tard...

La mère et le comédien gémissent. Les
tambours ont cessé, mais ils reprendront
en sourdine, comme précédemment.

IZQUIERDO

Nous verrons bien si nous sommes plus heureux
avec le prochain ! (*Il regarde les otages à tour de
rôle. Tous baissent la tête.*) Tiens, Salcedo ! A toi !

LE COMÉDIEN, il pleure et bégaie.

Pourquoi... à... moi ?...

IZQUIERDO, ironique.

L'ordre alphabétique, peut-être... Pourquoi veux-
tu rester le dernier ? Tu penses que Montserrat
finira par s'attendrir avant que vous soyez tous
morts ?... C'est cela ?

LE COMÉDIEN

Je vous en supplie...

IZQUIERDO, sec.

Ne me supplie pas. C'est lui qu'il faut fléchir !
Et je compte justement sur ton talent profession-
nel... Tu m'as vraiment touché, à La Guayra, lors-
que tu jouais le rôle d'Ascasio sur le point de monter à l'échafaud. Si tu m'as ému en jouant un
personnage imaginaire face à une mort imaginaire,
comment ne fléchirais-tu pas, ce soir, Montserrat,
alors que c'est toi, le vrai toi, qui va mourir...
(*doucement*) vraiment mourir... Allons! nous t'écoutons !

LE COMÉDIEN, il pleure.

Ne... me... tuez pas... Je ne peux... pas !

IZQUIERDO

Ce n'est pas ainsi que tu feras fondre le cœur de ce garçon, je te préviens.

Silence. Le comédien pleure, tête basse.

IZQUIERDO, comme pour lui-même.

De vraies larmes ! Ascasio, lui aussi, pleurait. Il versait aussi de vraies larmes. Et c'était sur une estrade, devant un décor banal, entre des lanternes... Et j'étais tellement pris à ce jeu que je ne savais plus si c'était toi ou si c'était Ascasio qui pleurait... Mais non ! C'était sa douleur, et c'étaient tes larmes... Quel grand comédien tu es, Salcedo. L'âme dure et fière d'Ascasio t'habitait vraiment ce soir-là ! Mais lui pleurait sur ses compagnons perdus et non sur lui-même... Ce soir-là, tu lui prêtais ton corps, ta voix, ton visage... Et il vivait. Mais à présent il ne peut te prêter son courage, et tu es là, tout sanglotant et tremblant de peur... (*Silence. Puis, d'une voix dure :*) Je veux, entends-tu, que tu nous répètes la tirade d'Ascasio au pied de l'échafaud, lorsqu'il se tourne vers ses ennemis... Dépêche-toi ! Et dis-la bien ! Sinon je te livre à Garcia, notre bourreau, qui se fera un plaisir de te montrer, entre autres choses, comment on extirpe les ongles à la tenaille ! Tu as compris ?... (*Aux soldats.*) Silence, vous autres ! Ecartez-vous !... C'est un morceau de littérature que je tiens à vous faire savourer. Profitez de cette occasion. Toute la pièce n'est pas de ce ton et c'est dommage... (*A Salcedo.*) Allons ! nous t'écoutons !...

Le comédien fait signe qu'il ne peut pas.
Izquierdo fronce les sourcils et, sur un
ton brutal :

IZQUIERDO

J'exige que tu récites la dernière tirade d'Ascasio,
entends-tu ? Fais ton métier ! Oublie-toi. Oublie-
nous ! Oublie tout ce qui n'est pas Ascasio sur le
point de mourir...

LE COMÉDIEN, encouragé par un vague espoir.
Il récite d'un ton morne.

« O mort, voici ton triomphe ! Tes ailes, ce soir,
vont me couvrir. Dans vingt batailles, tu m'as
frôlé, présente à mes côtés, attentive et fidèle ! »

IZQUIERDO

Oui, oui. Laisse donc ce fatras. Arrive tout de
suite à la fin de la tirade, quand il s'adresse à ses
ennemis !

LE COMÉDIEN, docile.

« Pour vous, Castillans, je ne vous hais pas ! Car
Dieu m'appelle, et je dois aller à lui le cœur lavé
de toute souillure ! Je ne vous hais pas ! Je ne veux
pas vous haïr puisque le Sauveur commande que
nous pardonnions comme il a pardonné ! Je puise
dans mon immense amour pour Dieu la force de ne
pas vous maudire et de garder mon âme pleine de
sérénité ! Ah ! je n'ai jamais livré de ma vie un
combat plus amer ! Voici le jour et voici l'heure !
Dieu tout-puissant qui me voyez et qui lisez en
moi... »

IZQUIERDO l'interrompt soudain.

Cela suffit. (*Aux soldats.*) N'est-ce pas magnifique ? Cet homme qui, sur le point de mourir, fait
confiance à Dieu et pardonne à ses bourreaux !
(*A Salcedo.*) Et comme tu as bien joué, Salcedo.
De vrai, grâce à moi, face à ta vraie mort, tu as eu,
pendant ces quelques secondes, l'âme virile et géné-
reuse d'Ascasio !

LE COMÉDIEN, révolté.

Infâme ! Tu es infâme ! Tu as un cœur de
hyène...

IZQUIERDO, indulgent.

Comme tu me hais ! Salcedo ! Comme ton regard
aussi est plein de haine ! Mais pense donc à ce que
tu disais ! Enfin, à ce que disait Ascasio : « Il faut
monter vers Dieu le cœur lavé de toute souillure !... » Dieu commande qu'on meure sans maudire et en pardonnant à ses bourreaux !... (*Au P.
Coronil.*) N'est-ce pas cela, mon Père ?

LE P. CORONIL, froidement.

Non !

IZQUIERDO

Comment, non ?

LE P. CORONIL, au comédien.

Non. Dieu commande non seulement qu'on pardonne à ses bourreaux, mais qu'on les aime !

IZQUIERDO, avec un sourire.

Cela me paraît exagéré !

LE P. CORONIL, avec simplicité, au comédien.

Dans la cour du prétoire de Pilate, dans l'attente de son supplice, livré aux soldats et face à la tourbe qui réclamait pour lui la croix, le Christ était tout amour...

LE COMÉDIEN

Mon Père, protégez-moi...

LE P. CORONIL

Si cet homme n'avoue pas, et surtout si telle est la volonté de Dieu, tu vas mourir ce soir. Tu dois te résigner. Les voies du Seigneur sont impénétrables...

LE COMÉDIEN

Mais je suis innocent !

LE P. CORONIL

Qui est innocent !

LE COMÉDIEN, montrant Izquierdo.

Ah ! je hais cet homme qui se sert de ma vie ! qui joue avec ma vie !

LE P. CORONIL

Ce n'est pas ainsi que tu dois affronter Dieu, mon fils ! Jésus, sur la montagne, a dit à ses disciples : « Priez pour ceux qui vous maltraitent et qui vous persécutent. » Il a dit encore : « Efforcez-vous d'entrer par la porte étroite. » Ne pense pas à toi, mais à ceux qui resteront désespérés, derrière la porte fermée, à ceux qui périront tout entiers !

Quand arrive l'heure que Dieu t'a fixée, il ne faut pas regretter cette vie, et cette chair périssable, et les faux trésors de ce monde. Il ne faut penser qu'à Dieu et aux infortunés abandonnés à cette terre. C'est pourquoi tu dois mourir en proclamant que les hommes qui te font mourir sont tes frères, en les reconnaissant pour tels, en les aimant du fond de l'âme !

LE COMÉDIEN, révolté.

Les aimer, mon Père !

LE P. CORONIL

En demandant jusqu'à ton dernier souffle que le Seigneur leur pardonne comme tu leur pardonnes, et qu'il daigne étendre sur eux sa clémence infinie...

LE COMÉDIEN, avec désespoir.

Non ! non ! non !

LE P. CORONIL

Garde donc en toi les sentiments qui étaient ceux du Christ aux mains de ses bourreaux ! Ainsi tu seras sauvé ! Car tu sais que le ciel et la terre passeront, que tout ce qui nous entoure sera poussière un jour, mais que seule la gloire de Dieu est éternelle !

LE COMÉDIEN

Non ! Non, mon Père ! Non ! Vous prenez le parti de cet homme qui nous assassine ! Dieu n'est pas ici ! Et vous ne servez pas Dieu ! Au nom de ce Dieu de justice et d'amour, votre devoir est de nous défendre ! Défendez-nous ! Je ne veux pas me résigner à mourir ainsi. Ni les autres non plus. Nous n'avons rien fait ! Il doit exister d'autres moyens de capturer Bolivar ! Il doit exister d'autres moyens de faire parler Montserrat et d'obtenir qu'il vous le livre ! Le marché dont nous sommes victimes est monstrueux. Vous devriez être le premier à comprendre qu'il est une insulte à Dieu ! On bafoue le Seigneur, ici, en jouant avec six vies humaines ! (*Montrant Izquierdo.*) Il faut le lui dire ! C'est à vous de le lui dire ! A vous qui représentez la miséricorde divine sur cette terre ! Vous vous attachez seulement à nous persuader de bien mourir ! Mais c'est lui qu'il faut convaincre de nous laisser vivre parce que ce droit qu'il prend sur nous n'appartient qu'à Dieu ! Deux des nôtres viennent de périr. Deux innocents ! En persistant à aider les desseins de cet homme, vous vous faites complice, mon Père, d'un crime sans nom contre les hommes et contre Dieu !

LE P. CORONIL, outré.

Assez ! (*Silence. Puis, d'un ton calme :*) Réponds-moi : tu es chrétien ?

LE COMÉDIEN

Oui, mon Père ! Et j'ai la conviction de n'avoir jamais gravement offensé Dieu, d'avoir toujours respecté ses commandements...

LE P. CORONIL, l'interrompant.

Ce n'est pas suffisant !... Non ! Ce n'est pas suffisant pour un chrétien de garder une âme sans souillure ! Un chrétien est aussi un soldat de Dieu !

(*Silence.*) Le Roi, Salcedo, tient son autorité du Tout-Puissant. Bolivar est rebelle à Sa Majesté. Il est donc l'ennemi de Dieu. De sorte que le devoir d'un chrétien est de tout sacrifier pour que Bolivar soit soumis. C'est pourquoi le prestige du Très-Haut exige ce soir que ta vie soit mise en jeu pour tenter de capturer ce bandit ! Toi, Salcedo, chrétien, tu dois non seulement te résigner, mais te réjouir de ce sort !

LE COMÉDIEN, épouvanté.

Mon Père !

IZQUIERDO, railleur.

• Allons, Salcedo ! C'est de la logique ! Le Roi tenant son autorité de Dieu, se rebeller contre le Roi, c'est se rebeller contre Dieu. Or Bolivar se rebelle...

LE P. CORONIL, irrité.

Assez ! Izquierdo !

IZQUIERDO, soudain sérieux.

Oui, assez. (*Avec sévérité :*) En vérité, je me demande, mon Père, comment vous vous êtes laissé entraîner dans une telle discussion. (*Il reprend son sourire railleur.*) Car Montserrat vous écoute, vous l'oubliez ! Et, si vous persuadez Salcedo qu'il est de son devoir de chrétien de joyeusement se sacrifier, je ne vois pas pourquoi Montserrat s'apitoierait sur lui... Bien au contraire, je crois que cela le disposerait à se taire pour que ce bon Salcedo ait l'avantage de mourir en soldat de Dieu et qu'il gagne plus facilement le ciel !

LE P. CORONIL

Mais ce malheureux m'accusait d'une complicité !

IZQUIERDO, l'interrompant.

Oui. C'est différent. Chacun de vous fait entrer Dieu dans son raisonnement. Le raisonnement de Salcedo est logique, mon Père, et celui que vous lui opposez l'est aussi. Mais vous ne vous entendrez jamais parce que vous utilisez trop de logique pour un problème où l'élément Dieu est variable à l'infini. Le Dieu de Salcedo est un Dieu d'amour et de pitié. Le vôtre, mon Père, est un Dieu jaloux de son autorité et de son prestige. C'est celui que vous faites combattre à nos côtés, de sorte que, si vous n'êtes pas notre complice, vous êtes, tout au moins, notre allié.

LE P. CORONIL, outré.

Izquierdo !

IZQUIERDO

Non, mon Père. (*Railleur :*) Puisque Dieu ne se manifeste pas, il est temps que, moi, j'intervienne. (*A Montserrat :*) Allons ! Montserrat ! Un mot de toi et tu conserves à l'art dramatique l'un de ses meilleurs interprètes. Tu as eu tout à l'heure une petite preuve de son talent, de son immense talent. Tu ne vas pas le laisser mourir ainsi ! C'est un grand artiste ! Un bon chrétien ! Un Espagnol loyal ! Le seul Espagnol parmi ces créoles et ces Indiens ! Jamais une offense envers le Roi ni envers Dieu ! Que dis-tu ? (*Au P. Coronil :*) J'intercède avec aussi peu de bonheur que Ponce Pilate ! (*A

Montserrat :) Tu restes muet ?... Que tes silences
sont meurtriers !

> Les tambours n'ont pas cessé, comme cela
> a été déjà indiqué, de battre en sourdine.
> Le comédien, atterré, prend le bras du
> P. Coronil.

LE COMÉDIEN, il pleure.

Mon Père ! mon Père ! C'est impossible ! Inter-
venez pour moi ! Je ne veux pas qu'on me tue !
Mon Père ! Par pitié !

IZQUIERDO, durement.

Assez ! Salcedo ! Tu es Espagnol ! Ne l'oublie
pas ! Et n'oublie pas, non plus, que, si Montserrat
ne parle pas, rien ne pourra te sauver ! Rien, ni
personne ! Inutile de te pendre au cou du P. Coronil, ni de pleurer, ni de supplier ! Le potier et le
marchand ne savaient pas feindre. Mais, toi, tu sais
cacher tes sentiments et même feindre des sentiments contraires à ceux que tu éprouves ! Tu as
incarné au théâtre des personnages plus nobles que
le tien. Un peu de dignité !

> Le comédien quitte le bras du P. Coronil.
> Il se raidit, passe la main sur son front,
> puis va se placer de lui-même entre les
> soldats. Le P. Coronil sort derrière lui.
> La porte reste ouverte.

SCÈNE III

LES MÊMES, moins LE COMÉDIEN
ET LE P. CORONIL

IZQUIERDO, il saisit Montserrat par le bras et
l'attire au milieu de la scène. Là, il le prend
par la nuque pour l'obliger à regarder au-dehors.

Montserrat ! Il est encore temps ! Ils n'ont pas
encore tourné l'angle du mur, mais regarde, tout
au fond, sur les pavés. Regarde, tordus et blêmes,
c'est le potier et le grand Salas Ina. On les a traînés
là ! Salas Ina ! Celui qui était si heureux ! celui à
qui rien ne manquait ! Vois-le, la poitrine broyée !

MONTSERRAT, se dégageant.

Lâche-moi !

IZQUIERDO, près de lui.

Montserrat, crois-tu à la résurrection de Lazare ?

MONTSERRAT

Oui.

IZQUIERDO

A Lazare, tout puant dans ses bandelettes, au
bout de quatre jours et se levant de sa tombe à la
voix du Seigneur ?

MONTSERRAT

Oui.

IZQUIERDO, il lui reprend le bras et lui montre
les cadavres dans la cour.

Montserrat ! tu crois que Dieu, un jour, refera
des hommes de ces deux misérables paquets de
chairs qui sont jetés là-bas et qui commenceront
dès ce soir à pourrir ? (*Montserrat se dégage et
recule d'un pas.*) Mais ne comprends-tu pas que
tout finit devant ce mur, qu'il n'y a plus rien après
ce mur et que, s'il y a quelque chose, c'est l'éternelle indifférence des pierres, le silence infini des
espaces ! Ah ! je sais, je sais à présent où tu puises
à la fois tant de courage et tant de cruauté ! Mais,
moi, je les prends dans les chocs de mon sang à ma
gorge, dans ce langage du cœur, dans ma poitrine,
qui me dit, seconde après seconde, que je suis promis à la terre !

MONTSERRAT, sourdement.

Même si je n'avais pas foi dans la promesse du
Christ, je ferais mien le combat de Bolivar ! Il
s'agit de rendre à des milliers de misérables leur
dignité de créatures de Dieu !

IZQUIERDO

Mais l'Ecriture dit que Dieu est en chacun de
nous, et si, directement ou indirectement, tu fais
tirer sur des hommes vivants, c'est sur Dieu que tu
pointes les fusils ! Et, pour ce crime, tu ne pourras,
de toute façon, échapper à sa malédiction !

MONTSERRAT, avec simplicité.

J'accepte aussi de ne pas échapper à sa malédiction !

> Izquierdo, exaspéré, lève la main pour le gifler. Mais les tambours roulent fort et la décharge du peloton le surprend la main en l'air. Il laisse retomber son bras et hausse les épaules. On entend le coup de grâce. Izquierdo se met à marcher de long en large. Il a l'air très absorbé quand le P. Coronil rentre.

SCÈNE IV

LES MÊMES, plus LE P. CORONIL

IZQUIERDO

Ah ! vous voilà, mon Père ! Comment est-il mort ? Pleurnichard ? Indifférent ? Désespéré ?...

LE P. CORONIL

Il est mort avec beaucoup de noblesse, très calme et comme rasséréné...

IZQUIERDO

Parfait ! Il a donc choisi de mourir dans le rôle d'Ascasio. Quel grand comédien qui disparaît !... Il

craignait beaucoup la mort ! Aussi quel talent et
quel courage lui a-t-il fallu pour mourir comme s'il
avait du courage. Pour un comédien, je ne saurais
dire plus bel éloge et...

LE P. CORONIL, impatienté.

Epargne-nous son oraison funèbre, Izquierdo !

IZQUIERDO

Bon. Nous allons donc continuer. Un acteur pro-
fessionnel de la classe de cet infortuné Juan Salcedo n'a pas réussi, malgré tout, à dégeler le cœur
de Montserrat ! Je crains fort que ces pauvres gens
ne meurent contre leur gré pour la Liberté, la Justice, la Dignité humaine... Les grands principes
sont comme les grands cataclysmes. Ils font toujours une effroyable consommation de créatures !...
Mais, à propos de dignité humaine, Montserrat, te
souviens-tu de ma petite mésaventure de Sierra-
Chavaniz ?... Quand les partisans de Bolivar m'eu-
rent enterré jusqu'au cou, ils me pissèrent à tour
de rôle sur le visage !... Amusant, n'est-ce pas ?...
Ils se tordaient, d'ailleurs, de voir ma tête !...
Ensuite, pendant quatre jours, j'ai mangé de la
terre... Ce sont des cavaliers du régiment d'Alora
qui m'ont sauvé. Il était temps. Je sentais déjà les
vers qui me grouillaient le long du corps et le long
des cuisses ! Ils se préparaient, tu comprends ! (*Il
rit d'un rire aigu et bref.*) Mais je perds du temps
à te raconter mes souvenirs sur les glorieux défen-
seurs de la dignité humaine... Il faut revenir aux
choses sérieuses ! Voyons, à qui le tour ?

ÉLÉNA, elle s'avance vers Izquierdo.

A moi !

IZQUIERDO

Toi ? Mais non, ma belle. Je te l'ai dit : toi, je te ferai mourir cette nuit sur mon lit !... Mourir d'amour ! On t'entendra râler depuis le fin fond du camp d'artillerie ! Moralès !... Prends donc celui-là ! (*Il désigne Ricardo qui, aussitôt, va se placer de lui-même entre les soldats.*)

LE P. CORONIL

Un moment !

IZQUIERDO

Que voulez-vous, mon Père ?

LE P. CORONIL

Cette fille doit subir le sort de ses compagnons !

IZQUIERDO

Comment ? Vous, mon Père, vous vous opposez à ce que je l'épargne ?

LE P. CORONIL

Le raisonnement de tout à l'heure, qui valait pour Salcedo, vaut pour elle aussi. Cette fille est là pour faire avouer à Montserrat le refuge de Bolivar ! C'est-à-dire que sa vie est mise en jeu pour la cause de Sa Majesté, qui se confond avec celle de Dieu !

IZQUIERDO, beau joueur.

C'est certain.

LE P. CORONIL

Qui te dit, en effet, que ce n'est pas précisément le sacrifice de cette fille qui apitoiera, en définitive, Montserrat et le décidera à livrer Bolivar ?

IZQUIERDO, gouailleur.

Il est vrai qu'elle est assez belle pour attendrir un sabre. Vous ne jugez pas mal, mon Père ! Vous avez bon goût !

LE P. CORONIL

Inutile d'ironiser ! Tu n'avais pas réfléchi à ce que ton acte avait de criminel !

IZQUIERDO, distraitement, les yeux sur Éléna.

Criminel, en effet...

LE P CORONIL, irrité.

En vérité, Izquierdo, tu cèdes trop vite à la voix du Tentateur !...

IZQUIERDO, même jeu.

Ah ! naturellement ! La voix du Tentateur...

LE P. CORONIL, insinuant.

Je disais, hier encore, à Son Excellence, que seul le feu pouvait purifier une âme possédée par le démon de la luxure au point de tout lui sacrifier !

IZQUIERDO le regarde en face et, goguenard.

Précieux renseignement ! Il faudra que je prévienne les camarades dont le sang est un peu trop échauffé qu'ils risquent bel et bien de flamber tout vifs ! (*A Ricardo.*) Eh bien ! mon petit ! Tu ne dis

rien ? Tu ne dis rien à notre ami Montserrat ?
Vas-tu te laisser fusiller sans tenter de le fléchir ?
(*Ricardo garde obstinément la tête baissée.*) Allons,
comment t'appelles-tu ?

RICARDO

Ricardo.

IZQUIERDO

Tu es courageux, Ricardo ! J'aime le courage. Il
me vient l'envie d'éprouver le tien davantage.
(*Ricardo le regarde.*) Oui, une petite séance dans
la cave de notre talentueux bourreau ! Que dis-tu ?
Ne t'imagine pas qu'il s'agisse d'un vulgaire rôtis-
seur d'orteils ! C'est un véritable artiste et qui
aime son art ! Un virtuose de la tenaille ! Pas un
illettré, non plus ! Il étudie l'anatomie pour se perfectionner !... Parle donc !

RICARDO, il se raidit et, d'une voix étranglée.

Bolivar... nous vengera...

IZQUIERDO, railleur.

La belle affaire, quand tu pourriras au fond
d'une fosse après avoir servi aux expériences de
vivisection de notre ami Garcia. Et, d'ailleurs, es-tu
bien sûr que Bolivar te vengera ?

RICARDO

Oui.

IZQUIERDO

C'est Montserrat qui te l'a dit ?

RICARDO

Oui.

IZQUIERDO

T'a-t-il avoué que Bolivar a cherché à passer à Curaçao ?

RICARDO

Il n'ira pas à Curaçao !

IZQUIERDO

Montserrat ! Dis-lui toi-même ce que contenait la lettre trouvée dans les papiers de Bolivar après sa fuite de Puerto-Caballo ! Tu l'as lue aussi, Montserrat... Allons ! Je vais te rafraîchir la mémoire ! Dans cette lettre, Bolivar sollicitait du gouvernement anglais de Curaçao l'autorisation de se réfugier dans l'île ! Est-ce vrai ou non ?

MONTSERRAT, exaspéré.

Mais cette lettre n'a jamais été envoyée !

IZQUIERDO

L'intention y était. (*Au P. Coronil.*) Est-ce bien dit, mon Père ?

MONTSERRAT

Où veux-tu en venir ? Tout le monde sait que Bolivar n'est pas un lâche ! Toi aussi, tu le sais ! Et qu'il a donné mille preuves de sa volonté de lutter à mort contre nous !

IZQUIERDO

Mais l'éventualité d'un départ pour Curaçao
n'est pas à rejeter. Cette lettre le prouve ! Ricardo,
mon petit...

MONTSERRAT, véhément.

Non ! Cette lettre ne prouve rien ! Il est vrai que
Bolivar, après sa défaite, a tenté de fuir à Curaçao pour ne pas tomber entre nos mains. Mais il a
été prévenu à temps de l'existence de la zone insou-
mise de Puebla. Dès qu'il l'a su, et quoique malade,
sans munitions, sans espoir de secours, il s'est mis
en marche pour rejoindre ceux qui l'attendaient !
Il s'est mis en marche à travers notre propre zone,
sachant ce qu'il risquait. On m'a envoyé le capturer ! Je l'ai vu, je lui ai parlé ! C'est lui qui a raison. Si Bolivar n'est pas capturé ce soir, il sera cette
nuit même chez les siens ! J'en suis sûr comme je
suis sûr de mourir !

RICARDO, morne.

Je te crois, Montserrat !...

IZQUIERDO

Imbécile ! Il t'a dit lui-même : s'il n'est pas capturé ! Suppose que nous réussissions à l'arrêter ?
Tu auras sacrifié ta vie pour rien !

RICARDO, morne.

Mon père a été assassiné... quand j'étais enfant...
par les Espagnols...

IZQUIERDO

Est-ce une raison pour te laisser fusiller bêtement aujourd'hui ?

> Ricardo baisse la tête. Izquierdo le regarde,
> les yeux clignés.

IZQUIERDO

C'est bon. Je vois qu'il est inutile de prolonger
la séance ! Puisque tu acceptes de mourir pour le
seul espoir que Bolivar parvienne à ses fins ! Toi,
au moins, tu sais pourquoi tu meurs !... Tu le sais,
n'est-ce pas ?

> **RICARDO** relève la tête et le regarde en face.

Je le sais. (*Il baisse la tête de nouveau.*)

> IZQUIERDO, avec un sourire indulgent.

Enfant !... Note bien que tu aurais pu mourir
noyé, ou écrasé sous un toit, ou empoisonné par
des champignons, et tu n'y aurais rien compris !
Mais là, tu sais ! Et, semble-t-il, c'est cela, pour toi,
qui est important ! (*A Moralès :*) Moralès, emmène
donc ce héros ! La vue d'un héros a toujours quelque chose qui m'attriste. Je n'aime pas qu'on se
trouve des prétextes pour mourir.

> Les soldats s'emparent de Ricardo. Les
> tambours roulent plus fort. Au moment
> de franchir la porte, Ricardo se retourne
> et dit à Montserrat, avec une grande
> simplicité : « Je suis avec toi... » La
> porte se referme derrière Moralès.

SCÈNE V

IZQUIERDO, MONTSERRAT, LA MÈRE, ÉLÉNA, LE P. CORONIL, SOLDATS

MONTSERRAT, bouleversé.

Arrêtez, arrêtez ces crimes ! Cela ne peut pas continuer ! Izquierdo ! tu es tout couvert de sang ! Izquierdo ! Tu devras répondre de tout ce sang devant Dieu !

IZQUIERDO, froid.

Un mot de toi et Ricardo revient !

MONTSERRAT se prend la tête entre les mains.

Tu es loin de Dieu, Izquierdo. Un jour, tu auras soif de Dieu ! Tu le chercheras ! Mais il y aura, entre toi et lui, cette mer de sang, ce fleuve de larmes ! Tu mourras désespéré ! Tu auras une agonie atroce !...

IZQUIERDO, même jeu.

Ce n'est pas cela qu'il faut dire pour sauver Ricardo !

MONTSERRAT, la voix rauque, et suppliant.

Pense à toi, Izquierdo ! à ce qui t'attend ! A Dieu qui t'attend !

IZQUIERDO

Ce qui m'étonne, c'est que tu n'aies rien dit en
faveur des trois premiers otages ! et que, pour
Ricardo, tu te mettes soudain à me supplier, à
m'insulter et même à me promettre les pires ennuis
avec le Tout-Puissant. Pourquoi ?

MONTSERRAT, avec élan.

Il est jeune, Izquierdo ! Il a à peine vécu ! Epar-
gne-le !

IZQUIERDO

Tù m'étonnes de plus en plus ! Il faut admettre
que la mort de Ricardo, qui a vingt ans, t'émeut
davantage que celle du potier, par exemple, qui en
avait cinquante ! C'est cela ?... Ce qui revient à dire
que tu choisis de sauver un homme de préférence
selon le temps qui lui reste à vivre ! En somme, il
y a dans ton choix un côté mathématique ! (*Silence.
Les tambours roulent toujours, et Montserrat semble écouter ce bruit plutôt que les propos d'Izquierdo.*)

IZQUIERDO

En effet, tu aurais pu choisir en fonction d'autres valeurs ! Par exemple : mieux valait sauver la
vie de Salcedo, comédien de grand talent ! Ou bien
la vie de Salas Ina, riche marchand et heureux
époux en pleine félicité ! Non ! tu n'as choisi d'in-
tercéder ni pour le plus cultivé, ni pour le plus
heureux, mais pour le plus jeune ! Et c'est précisément le seul qui accepte son sort ! le seul qui

estime que mourir aujourd'hui est utile à une
cause qui dépasse en valeur sa vie.

MONTSERRAT

Izquierdo, c'est presque un enfant !

IZQUIERDO

Oui. Mais ce genre d'enfant sait déjà manier un
fusil ! (*Silence.*) Il y a tout de même dans ton choix
un point faible. Si j'épargnais Ricardo, rien ne me
dit qu'il ne sera pas écrasé trois minutes plus tard
dans la rue ou qu'il ne mourra pas, sous peu, d'une
mauvaise fièvre ! Tu voudrais sauver Ricardo parce
que, de tous ses compagnons, il a... l'espoir de vivre
le plus grand nombre d'années ! De même que tu
veux sauver Bolivar dans l'espoir qu'il délivrera ce
pays de notre domination ! L'espoir ! l'espoir ! tu
n'as que ça dans la tête !

> On entend la décharge du peloton. Puis
> le coup de grâce. Montserrat baisse la
> tête, les poings serrés.

IZQUIERDO

Et tu as de l'espoir même après ce bruit-là ?
(*Silence.*) Mais je vais entrer dans ta logique, Montserrat ! Tu t'attendris sur la jeunesse. (*A Eléna.*)
Toi, ma belle, ce ne sera pas encore ton tour !
J'entrevois une chance que tu perdes ta virginité,
cette nuit ! Et, comme je dois être l'heureux amant,
je vais pousser une dernière tentative pour te sauver. (*Au P. Coronil :*) Mon Père, vous acceptez
qu'elle reste la dernière ?

> La mère se met à gémir ; le P. Coronil va
> vers elle et lui prend les mains.

SCÈNE VI

LES MÊMES, plus MORALÈS

IZQUIERDO

Ah ! c'est Moralès ! Eh bien ? comment s'est-il comporté ?

MORALÈS

Il est mort avec courage. Il a refusé le bandeau, mais je l'ai tout de même placé la face contre la muraille... Au moment où j'allais commander le feu, il a crié : Vive... je ne sais quoi. Personne n'a compris. Enfin, ce devait être : Vive la liberté ou Vive la révolution...

IZQUIERDO, avec un sourire.

Vive je ne sais quoi... Tu m'amuses, Moralès !

MORALÈS, piqué.

Eh ! il nous tournait le dos ! et...

IZQUIERDO

C'est bon. C'est bon. (*A Montserrat :*) Tu es content ? Ton cher Ricardo est mort en digne partisan de Bolivar. Si jeune, n'est-ce pas ? Mais c'est le tour de cette femme ! Et tu n'oublies pas qu'elle

a deux enfants. Ils sont enfermés dans sa maison.
Si elle meurt, ils mourront de faim ! Une mort
lente, atroce, pour deux jeunes enfants ! et qui ont
normalement devant eux toute la vie ! Toute
droite, avec rien encore derrière ! Soixante années,
au moins ! Qu'en dis-tu ? Avec ton système de
valeurs, ils ont toutes les chances ! (*A la mère :*)
Femme ! Prépare-toi ! C'est ton heure !

LA MÈRE, elle s'arrache au P. Coronil
et s'adresse à Izquierdo.

Non ! non ! Laissez-moi m'en aller ! Par pitié !
J'ai deux petits enfants ! Ils sont enfermés ! Si
c'était pour eux qu'il fallait mourir, j'accepterais
avec joie ! Je vous jure que ce serait avec joie...
(*Elle pleure.*)

IZQUIERDO

Folle ! Mais c'est lui qu'il faut supplier ! Pourquoi t'adresses-tu à moi ?

LA MÈRE, elle va vers Montserrat.

Tu dois comprendre ! Est-ce que la vie de deux
petits enfants ne mérite pas tous les sacrifices ?... Ils
sont tout seuls ! Tu ne peux pas les laisser mourir
ainsi ! Faire mourir un enfant est déjà un crime des
plus horribles ! Réfléchis donc ! Ils sont si jeunes !
Ils ne demandent qu'à vivre ! (*Izquierdo fait un
geste à Montserrat comme pour dire : « Tu vois
bien ! »*) Je ne plaide par pour moi, mais pour
eux !... Tu ne peux pas assassiner ainsi deux petits
enfants ! (*Elle pleure, tête basse, les bras le long du*

corps. Montserrat paraît bouleversé. Dehors, les
tambours se remettent à battre sur un rythme lent.)

LA MÈRE

Ecoute-moi ! Regarde-moi ! Vois mes larmes !
Est-ce qu'un cœur d'homme peut rester glacé
devant le désespoir d'une mère ? d'une mère qui va
mourir en sachant qu'on va laisser ses enfants abandonnés à une agonie effroyable ! Tu n'as donc
jamais pris un enfant dans tes bras ? Tu n'as donc
jamais été touché par ce miracle qu'est un tout
jeune enfant ? Ah ! si tu voyais mes petits tu te
laisserais fléchir ! Ils sont tout dorés et vifs... (*Elle*
s'est approchée de Montserrat. Elle supplie avec
une grande douceur.) C'est l'heure de nourrir le
plus jeune. Il doit pleurer déjà dans son berceau.
Regarde mes seins. Il doit m'appeler en agitant ses
petits bras ! Et je suis là avec tout mon lait qui me
gonfle la poitrine ! Est-ce qu'on peut tuer, dis, une
mère qui allaite ? (*Montserrat l'a attirée contre son*
épaule. Il est effroyablement pâle. Elle dit encore :)
C'est Dieu qui les a créés ! Des créatures de Dieu,
est-ce que tu peux les faire mourir ? Dis ? Tu crois
en Dieu ? Tu sais que tu ne peux pas les laisser
mourir ! Tu n'en as pas le droit ! C'est plus qu'of-
fenser Dieu !

MONTSERRAT, il lève la main.

Izquierdo ! (*Suivent quelques secondes d'un*
silence prodigieux. Puis Montserrat commence avec
effort, d'une voix rauque :) C'est une maison isolée,
à cinq cents mètres d'un chemin qui mène...

ÉLÉNA, dans un cri.

Non ! taisez-vous ! (*Silence. Puis, un ton plus bas :*) Reprenez-vous donc ! Il n'est plus temps d'être lâche ! Vous avez déjà sacrifié quatre des nôtres ! C'est trop tard. Taisez-vous !

LE P. CORONIL, furieux.

La chienne ! Emmenez-la ! Et faites vite ! (*A Izquierdo :*) Tu vois bien qu'il aurait mieux valu la fusiller tout à l'heure ! Il y a de ta faute ! (*Aux soldats :*) Allons !

> Les soldats se précipitent sur Éléna et l'entraînent. Quand elle passe devant Izquierdo, celui-ci la regarde avec des yeux étincelants, la prend violemment dans ses bras et l'embrasse sur la bouche. Elle peut à peine se débattre. Il la relâche. Le P. Coronil fait un signe aux soldats comme pour leur dire de se hâter. A l'autre extrémité de la pièce, Montserrat s'est redressé. On devine qu'il s'est repris.

SCÈNE VII

MONTSERRAT, IZQUIERDO, MORALÈS, LE P. CORONIL, LA MÈRE, SOLDATS

> Au moment où Éléna franchit la porte, les tambours se mettent à battre plus fort. La mère se précipite vers Izquierdo.

LA MÈRE

Non ! non ! Arrêtez ! arrêtez ! ne la tuez pas ! Il
va parler ! (*Au P. Coronil :*) Il est bon. Vous allez
voir qu'il va parler ! (*A Izquierdo :*) Il dira tout ce
que vous voudrez ! tout ! Attendez encore ! (*A
Montserrat :*) N'est-ce pas que tu vas parler ! que
tu ne veux pas qu'on tue Eléna, que tu ne veux
pas qu'on me tue ! Dis-leur d'attendre ! Je t'en supplie ! (*Les tambours roulent plus vite. La mère se
retourne vers Izquierdo.*) Vous pouvez dire aux soldats d'attendre ! Qu'ils attendent encore ! Comme
vous êtes cruels, les hommes ! Comme il vous est
facile de tuer ! Vous ne savez pas ! Vous ne savez
pas !

IZQUIERDO, à Montserrat.

Montserrat ! Si tu parles... tu auras la vie sauve !
Dis un mot ! Lève la main, et j'arrête moi-même
l'exécution ! Mais fais vite ! Bolivar aussi aura la
vie sauve ! Il sera seulement déporté ! Vous serez
tous les deux déportés en Afrique ! Je le prends
sur moi ! J'obtiendrai de Son Excellence !...

LE P. CORONIL

Izquierdo !

IZQUIERDO, il prend Montserrat au collet
et le secoue brutalement.

Mais parle donc, imbécile ! Dis un mot ! Ton
silence est odieux ! On aimerait écraser à coups de
talon cette tête où les mots s'enfoncent comme des
balles dans la chair morte !

Décharge du peloton. Les tambours cessent.
Izquierdo gifle Montserrat à la volée.
Puis il le lâche et revient au milieu de
la scène.

LA MÈRE, folle de désespoir.

Maudits ! maudits ! Je vous maudis tous ! Dieu
aussi vous maudira ! Assassins d'enfants ! lâches !
lâches ! Cent fois lâches ! (*Elle s'abat sur la table
en hurlant. Le P. Coronil s'est penché vers elle, il
lui parle à voix basse tandis qu'elle est secouée de
sanglots.*)

IZQUIERDO, exaspéré.

Débarrassez-moi de cette folle ! Emmenez-la !
Dépêchez-vous ! (*A Montserrat :*) Elle ne t'atten-
dira plus, n'est-ce pas ? Inutile de perdre du
temps ! C'est fini ! (*Aux soldats :*) Faites vite et sor-
tez tous ! Allez-vous-en ! tous ! tous !

LA MÈRE, elle résiste aux soldats en hurlant.

Non ! non ! Je ne veux pas ! Ne me tuez pas ! Ne
me tuez pas ! J'ai deux enfants ! Deux petits
enfants ! Non ! je ne veux pas !

Le P. Coronil sort avec elle. Moralès les
suit. Il dit à deux soldats : « Vous deux,
veillez derrière la porte ! »

SCÈNE VIII

MONTSERRAT, IZQUIERDO

> Pendant que les tambours roulent de nou-
> veau pour l'exécution de la mère, Mont-
> serrat reste appuyé à la table, le menton
> sur la poitrine. Izquierdo s'efforce d'épui-
> ser son exaspération en marchant de long
> en large.

IZQUIERDO, au bout de quelques instants.

Sans le P. Coronil, j'aurais pu la garder ! La
fille la plus belle que j'aie jamais rencontrée ! Ce
regard ! Cette taille ! Mais toi, aussi, triple imbécile, ne pouvais-tu... ? (*Il hausse les épaules. Silence
pendant lequel on entend les tambours rouler plus
vite.*) Tu as vraiment une telle confiance dans Bolivar ? Et crois-tu que ce soit vraiment si important,
la liberté, pour quelques millions d'Indiens à demi
abrutis et de Nègres pouilleux ? Pour ce qu'ils en
feraient, de leur liberté !... Cent mille d'entre eux
ne valaient pas un seul cheveu d'Eléna !... (*Avec
irritation :*) Mais nous n'en avons pas fini ensemble ! (*Silence. A la décharge du peloton, Izquierdo
hausse les épaules.*) Et voilà ! Six innocents tués !...
C'est ainsi ! (*Coup de grâce. Puis silence absolu.*

Izquierdo revient vers Montserrat.) Dis-moi... (*Montserrat, très pâle, fait un effort pour se redresser.*) Je
croyais que, pour un chrétien, la vie humaine était
absolument sacrée et que la liberté de plusieurs
millions d'hommes ne pouvait, en aucun cas, mettre
en balance le destin d'une seule créature de Dieu...
(*Silence.*) Mais tu as dû, tout à l'heure, t'arranger
avec ta conscience...

> MONTSERRAT fait visiblement un effort
> pour dominer son abattement.

Ce qu'il m'en a coûté, cela ne regarde que moi...
On peut sacrifier, à la libération d'un peuple qu'on
aime et qui souffre, plus que sa vie...

> IZQUIERDO

Son honneur d'officier, par exemple.

> MONTSERRAT

Oui. Et plus que sa vie et plus que son honneur...

> IZQUIERDO, avec ironie.

La vie de six innocents et, avec la vie de six
innocents, son-salut-é-ter-nel !

> MONTSERRAT, amer.

Je sais. Tu ne crains pas Dieu !

> IZQUIERDO, calme.

Non.

> MONTSERRAT, véhément.

Et c'est bien pourquoi tu es l'être le plus cruel,
le plus abject que j'aie jamais vu !

IZQUIERDO

Faire mourir des milliers de créatures que Dieu a sorties du néant et qu'il se réserve de rejeter au néant, c'est presque égaler Dieu. C'est, en tout cas, lui faire concurrence. Mais pourquoi m'en faire des reproches ? Moi, je tue des gens pour sauvegarder ici les intérêts de Sa Majesté très catholique dont je suis le très humble et très obéissant serviteur... Or, à cette même heure, il y a sur toute la surface de la terre une foule d'innocents qui meurent bêtement d'accident ou de maladie ! Est-ce que ça t'émeut beaucoup ? Non ?... Alors !

MONTSERRAT

Tu blasphèmes ! Tu ne respectes rien !

IZQUIERDO

Mais si ! Je respecte Dieu ! Il a inventé, lui, éternel, il a inventé pour nous quelque chose qui me paraît proprement génial ! (*Confidentiel :*) Le temps ! (*Il se met à marcher de long en large, puis :*) Tout ceci, mon petit, ne me fait rien oublier ! Je m'accorde quelques minutes pour bavarder avec toi, mais ensuite j'appellerai Moralès pour qu'il nous amène six nouveaux otages !

MONTSERRAT, il sursaute, puis, avec angoisse.

Mais pourquoi ? Pourquoi ? Tu sais que c'est fini ! Que j'ai tout donné ! Que plus rien ne pourra me faire céder ! A quoi bon ces nouveaux crimes ? Mais réfléchis donc !

IZQUIERDO, avec un sourire.

C'est à toi de réfléchir... Tu m'as prouvé que tu peux piétiner ta conscience et sacrifier six vies humaines, six vies qui n'appartenaient qu'à Dieu, à ce que tu appelles l'intérêt de plusieurs millions de Vénézuéliens ! C'est cela ?

MONTSERRAT, sourdement.

Oui.

IZQUIERDO

Mais, en vérité, tu as fait tuer six malheureux sans que leur mort entraîne automatiquement la libération de leurs millions de compatriotes ! Tu les as sacrifiés à un espoir de libération, à une simple possibilité !... Tu ne trouves pas cela monstrueux ? Et dire que tu viens m'accuser de cruauté, de férocité !... Moi ! (*Il rit, puis se promène de long en large et s'arrête brusquement devant Montserrat.*) Mais, moi, je suis un officier de l'armée royale ! J'ai l'ordre de maintenir à tout prix l'autorité de Sa Majesté sur ce pays. Tous les Vénézuéliens qui se révoltent, même en pensée, contre cette autorité sont criminels. Donc, en châtiant ces criminels, je n'accomplis que mon devoir strict... Ce n'est pas moi qui suis cruel, Montserrat, c'est mon devoir. (*Il rit.*)

MONTSERRAT, véhément.

Et ceux que tu as suppliciés à mort ! Ceux que tu as fait mourir en leur faisant scier les jambes ou verser du plomb fondu dans les entrailles !...

Etait-ce bien encore ton devoir qui te commandait
ces bestialités ?

IZQUIERDO, ironique.

Mais certainement ! Là encore, je sers Sa Majesté
puisque ces châtiments, ces supplices terrifieront
les autres et les engageront à se tenir tranquilles.

MONTSERRAT, révolté.

Tu es fou ! Un tel raisonnement ne peut naître
que dans le cerveau d'un sadique ou d'un fou !

IZQUIERDO, qui s'amuse.

Mais non ! Mais non ! Je suis au contraire très
lucide ! Cesse donc de m'insulter. (*Il se plante
devant Montserrat.*) En exécutant ces otages, j'ai
la certitude d'avoir servi le Roi ! La cause du Roi
prime tout. Donc, pour moi, il n'y a eu aucun
débat de conscience, sauf, si tu veux, pour Eléna.
Pour toi, c'est différent. Si l'intérêt des millions de
Vénézuéliens prime tout, alors tu as raison. La vie
de six de leurs compatriotes devait lui être sacri-
fiée. Mais Bolivar est malade. Il peut être, cette
nuit même, emporté par cette fièvre qui le tient
depuis Puerto-Caballo. Mais Bolivar est poursuivi.
Il peut être capturé ce soir. Mais Bolivar, ayant
rejoint Puebla et regroupé ses partisans, n'est pas
sûr de nous vaincre. De sorte que, si Bolivar meurt,
ou s'il est capturé ou battu, tout ceci n'aura été
qu'une farce sanglante ?

MONTSERRAT

Je sais tout cela, Izquierdo. Je l'ai médité tout

à l'heure dans d'autres conditions que tu ne le fais toi-même en ce moment. Toutes ces idées m'ont rongé plus cruellement que je ne saurais jamais le dire. Mais Ricardo te l'a crié : à tout prix, il faut sauver cet espoir ! Parce qu'il est le dernier. Tout ce pays est enfoncé dans l'horreur. Une nuit épaisse s'est abattue sur lui avec notre domination. Il pleut, dans cette nuit, tant de sang et tant de larmes que, pour le seul espoir de voir se lever le jour, on pouvait, comme moi, se durcir le cœur, étouffer son âme, piétiner sa conscience.

IZQUIERDO

Ce n'était pas l'avis de la plupart des otages de tout à l'heure. Ils étaient presque tous bien convaincus qu'on les assassinait gratuitement ! Que veux-tu ? Il y a des gens sans orgueil qui se résignent à végéter sous notre domination plutôt que de recevoir douze balles dans la poitrine. Ils préfèrent vivre avilis sous notre botte que mourir glorieusement pour la Liberté...

MONTSERRAT

Tu penses à Eléna et à Ricardo !

IZQUIERDO, *précis.*

J'ai dit : la plupart des otages...

MONTSERRAT

Deux otages sur six ont accepté de mourir pour cet espoir que tu méprises ! Si les proportions étaient gardées à l'échelle de la population entière de ce pays, cela ferait deux millions d'individus,

sur les six qu'il doit compter, qui accepteraient
cette mort. Cela ne te paraît pas extraordinaire ?
Cela ne te paraît pas prodigieux ?

IZQUIERDO, il fait semblant de réfléchir
et, comédien.

Deux millions ? (*Un temps.*) Non... Pas extraordinaire ! Je t'assure que je me sens capable d'exterminer tes deux millions de Vénézuéliens. Ce serait
question de temps et de patience. Il faudrait qu'on
me fournisse une longueur de corde suffisante pour
économiser les balles. Sans quoi, je ne vois pas où
serait la difficulté... Non. Je ne vois vraiment pas...
Et je te signale ces cabanes de bois, faciles à cons-
truire, dans lesquelles on peut griller jusqu'à cent
cinquante condamnés à la fois !

MONTSERRAT

Canaille !

IZQUIERDO

Mais pourquoi ? Quand l'Eglise a voulu extirper
l'hérésie en Espagne, elle a fait mourir autant
d'hérétiques que cela lui a paru nécessaire... Et tu
sais qu'elle a réussi.

MONTSERRAT

Elle a tué les hérétiques. Pas l'hérésie.

IZQUIERDO

Tu joues sur les mots. Si j'étais personnellement
chargé d'écraser la rébellion, je procéderais avec
méthode. Article unique : « Tout Vénézuélien

mâle, de douze à cinquante ans, sera pendu. »
Ensuite, appliquer ce décret ri-gou-reu-se-ment...
Mais tu sais que Son Excellence est trop indul-
gente...

MONTSERRAT, épouvanté.

Mais où puises-tu tant de haine pour être aussi
cruel ?

IZQUIERDO

Tu vas me rendre vaniteux... (*Il réfléchit.*) Je t'ai
raconté ma petite aventure de Sierra-Chavaniz,
quand les insurgés m'ont pris et enterré jusqu'au
cou, puis abandonné ainsi. Ils riaient tous... Ils
étaient tous partis que, resté seul, je les entendais
rire encore !... (*Il éclate d'un rire forcé, puis, sans
transition, soudain sérieux :*) Cela s'est passé sur
une haute plaine nue, sans un arbre, sans un caillou.
Rien... Il y a des nuits où je me revois, avec mes
yeux d'à présent. Où je vois cette tête, la mienne,
posée comme une pierre au milieu de la grande
plaine déserte... Et j'entends ces rires qui remplis-
saient le ciel vide. Quatre jours ainsi... Essaie
d'imaginer cela : je voyais, j'entendais et j'avais tout
le corps déjà pris par la terre. Quatre jours et
quatre nuits ainsi, Montserrat... (*Un temps.*) Maintenant, quand je traverse la cour, quand je croise
les files de rebelles qu'on va fusiller, leur silence
sur mon passage fait en moi le silence... Je n'entends plus les rires... Comment t'expliquer ? Il me
semble alors que je pourrais dormir, que je... oui...
la paix. (*Il réfléchit et soudain, très vite, avec son
sourire habituel :*) Bien entendu, c'est parce que

j'ai la certitude que tu vas mourir ce soir que je te fais ces confidences ! (*Il se tourne vers la porte et crie pour les soldats :*) Dites à Moralès de venir !

MONTSERRAT, alarmé.

Izquierdo !

IZQUIERDO

Non. Cette fois, je ne pourrai leur accorder qu'une demi-heure ! Une toute petite demi-heure ! Le temps presse ! Mais je souhaite qu'il y ait encore, parmi eux, une autre mère... avec de jeunes enfants !

MONTSERRAT

Tu ne vas pas faire ça ! Je ne pourrai pas ! Je ne pourrai pas !

IZQUIERDO se rapproche de lui et, durement.

Et si ces nouveaux otages ne te font pas avouer, je les ferai fusiller sous tes yeux. Et j'en ferai venir six autres ! Puis six autres ! Et six autres encore ! Jusqu'à ce que tu comprennes enfin ta folie !

MONTSERRAT, haletant.

Je ne pourrai pas... je ne pourrai pas...

> Il essuie machinalement la sueur sur son visage et son cou. Izquierdo le regarde intensément. Il se tient près de lui, à le toucher. Après un silence, d'une voix calme :

IZQUIERDO

Il est armé ?

MONTSERRAT, écrasé.

Oui.

IZQUIERDO, même jeu.

Il est seul ?

MONTSERRAT,
qui lutte cependant contre lui-même.

Trois Indiens sont avec lui.

IZQUIERDO

Ils ont des fusils ?

MONTSERRAT

Oui.

Un silence.

IZQUIERDO, il hoche la tête, puis.

Dis-moi... Tu m'avais parlé d'une maison isolée...

MONTSERRAT hésite.

Oui.

IZQUIERDO

Il y a des arbres ?... Des buissons ? Hein ? ou c'est un terrain nu ?

MONTSERRAT, à contrecœur.

... un terrain nu...

IZQUIERDO

Un terrain nu, bon... Et cela se trouve à cinq cents mètres d'un chemin. Quel chemin ? Celui de Tolulac, sans doute ?

Montserrat relève lentement la tête et
regarde Izquierdo sans rien dire.

IZQUIERDO

Allons, quel chemin ? Pourquoi te taire, à présent, tu en as beaucoup dit et pas assez ! Hein ?
Quel chemin ?

Montserrat reprend son attitude accablée.

·   IZQUIERDO, plus pressant.

J'entends Moralès. Il arrive. Dépêche-toi, ou il
sera trop tard. Les gens qui vont être amenés ici
n'en ressortiront plus...

Montserrat le regarde de nouveau fixement.
Silence.
On doit comprendre que Montserrat s'est
repris et qu'il ne parlera plus.
Il fait « non », obstinément, de la tête.

SCÈNE IX

MONTSERRAT, IZQUIERDO. MORALÈS,
SOLDATS

MORALÈS entre, très excité. Il crie.

Sais-tu la nouvelle ? Bolivar a dépassé Santa-
Monica !

IZQUIERDO se rue sur lui et le prend
aux épaules,

Qu'est-ce que tu dis ?

MORALÈS

A midi, Riero et ses cavaliers avaient découvert,
par chance, la ferme où ce fils de hyène avait caché
Bolivar. Mais Bolivar avait filé depuis une heure.
Riero s'est lancé à sa poursuite et l'a rejoint sur le
chemin de Santa-Monica.

IZQUIERDO le secoue avec colère.

Alors ?

MORALÈS se débat comme s'il cherchait
à se jeter sur Montserrat.

Tout cela à cause de ce traître ! Riero est mort !
Deux de ses cavaliers sont morts ! A cause de cette
charogne puante !

IZQUIERDO, qui le retient.

Reste tranquille ! Parle ! Parle donc !

MORALÈS, haletant.

Bolivar avait une escorte de vingt hommes armés.
Des péons de Puebla. C'est encore cette canaille qui
avait envoyé là-bas un émissaire ! Riero les a atta-
qués. Mais à sept contre vingt ! Nous avons eu trois
tués ! Les survivants sont ici ! Ils vont lui faire
payer cher !... (*Il cherche encore à se dégager pour
se ruer sur Montserrat.*) Ce chien bâtard ! Si ce
matin... (*Il s'interrompt. On entend une rumeur et
un lointain roulement de tambours. Moralès est sou-*

dain attentif.) Ah ! les voilà ! Ils traversent la place !

> Les trois hommes restent figés. Les yeux fixés sur la porte. La rumeur se rapproche.

> IZQUIERDO, à Montserrat,
> sans se tourner vers lui et d'une voix basse.

Compliments... Dépêche-toi de te réjouir... Tu ne triompheras pas longtemps...

> MONTSERRAT répond, lui aussi,
> sans quitter la porte des yeux. Il est tenu en avant.
> Il parle vite, d'une voix rauque.

Je crains moins ce qui va venir... que d'endurer de nouveau ce que j'ai enduré tout à l'heure !

> IZQUIERDO, même jeu.

Tu parles de ce que tu ne connais pas. Il y a ceux qu'on laisse hurler toute une nuit pendus par les aisselles à des crochets de boucherie.

> MONTSERRAT, même jeu.

Dieu m'aidera, quoi qu'il arrive.

> La rumeur s'enfle davantage.

> IZQUIERDO, même jeu.

Quand j'étais abandonné sur la plaine de Sierra-Chavaniz, j'ai attendu en vain un signe, une présence en moi, quelque chose qui m'aurait révélé que nous ne sommes pas seuls, condamnés avec notre propre chair.

MONTSERRAT, même jeu.

Dieu m'aidera !...

IZQUIERDO, même jeu.

Tu seras seul comme je l'ai été. Seul comme chacun des six otages de tout à l'heure ! Comme tous ceux qui agonisent à cette même heure sur la terre entière !

> Le tumulte est tout proche, cette fois, accompagné d'un roulement frénétique de tambours.

MONTSERRAT, qui s'exalte.

Tu cherches en vain à me désespérer. J'entends déjà les partisans de Puebla qui hurlent leur joie à l'entrée de Bolivar. Ils l'acclament. Je vois les drapeaux et les fleurs aux fenêtres ! L'espoir se lève ! Tous les hommes brandissent leurs armes ! J'écoute leurs cris de joie ! Toutes les cloches sonnent ! Toutes les femmes crient aussi de joie !

IZQUIERDO, au moment même où la porte éclate.

Tout est fini, Montserrat !

MONTSERRAT, dans un cri.

Non ! Tout commence !

> Des hommes armés ont fait irruption. Ils sont haletants de fureur. Il y a Antonanzas, Zuazola, les quatre soldats de cavalerie du détachement de Riero. Tous ont à la main un sabre ou un pistolet. Derrière eux se glisse le P. Coronil.

SCÈNE X

MONTSERRAT, MORALÈS, IZQUIERDO,
LE P. CORONIL, ANTONANZAS, ZUAZOLA,
SOLDATS

ANTONANZAS, il se jette sur Montserrat en criant.

Le voilà ! Voilà le traître qui a favorisé la fuite
de Bolivar ! (*Il lui arrache ses insignes.*) Chien
puant ! tu es indigne de cet uniforme ! Tu souilles
notre uniforme !

ZUAZOLA, même jeu.

Riero est mort à cause de ce fils de putain !
Admirez, vous autres ! Admirez cette face de rené-
gat !

LES SOLDATS

A mort ! A mort !

ANTONANZAS, il frappe Montserrat.

Marche donc ! Canaille ! Tu vas payer !

ZUAZOLA, tout en entraînant aussi Montserrat.

Nous aurions pu le capturer ce matin sans ta
trahison ! Tu mériterais trois jours de torture !

LES SOLDATS

A mort !

> Ils l'entraînent tous brutalement pour
> l'abattre dehors sur les marches du palais.
> A travers le roulement des tambours et les
> vociférations, on entend éclater les coups
> de pistolets.

SCÈNE XI

IZQUIERDO, LE P. CORONIL

LE P. CORONIL, *dans le silence qui revient.*

De quoi t'entretenait-il donc en dernier ? A-t-il
montré du repentir ?

IZQUIERDO, *le regarde fixement, puis,*
avec un étrange sourire :

Non. Il me parlait seulement de la joie des
autres !

MONTSERRAT
OU LA CHANCE DE L'HOMME

C'est le propre des grandes œuvres, il me semble, de se mettre à vivre complètement par ce long dialogue qu'elles engagent, bien après leur naissance, avec leur siècle et ses générations successives. A la lumière qu'elles jettent sur notre Histoire se mesure alors le vrai pouvoir : on les trouve brusquement au cœur de nos inquiétudes, de tous les déshonneurs que nous refusons, des espérances qui nous soutiennent.

C'est ainsi que *Montserrat* nous concerne, d'Emmanuel Roblès. La pièce, à sa création, avait atteint d'emblée beaucoup d'entre nous, et leur avait paru considérable : pour d'évidentes raisons, elle fait aujourd'hui figure d'œuvre capitale de notre théâtre, et devient référence exemplaire.

Au-delà de l'action même, qui est celle du jeune lieutenant espagnol Montserrat laissant fusiller en 1812, au Venezuela, six otages, puis mourant à son tour, plutôt que de révéler la retraite de Simon Bolivar, chef de l'insurrection, comment ne pas découvrir quelques problèmes majeurs, atrocement nôtres, et qu'il importe plus que jamais de poser, en leur gardant leur redoutable simplicité ?

I

« Son Excellence — dit Montserrat — me fera fusiller pour avoir trahi, pour avoir préféré la cause des hommes que nous opprimons à la fidélité au Roi. Je consens à mourir en traître. Je suis un traître dans ce camp, je l'avoue. Et c'est parce que je suis un homme. »

Telle est la première évidence de cette « situation », et aussi la plus difficile à admettre. Car il est vrai que, finalement, Montserrat est un traître, et aucun subterfuge de langage n'y peut rien changer. Mais le choix n'est point ce qu'on peut croire d'abord : entre une fidélité et une trahison. Il est entre deux trahisons, dont la première peut s'abriter sous de nobles prétextes : il *faut* que Montserrat trahisse quelqu'un, l'Homme ou le Prince. Nul, aussi bien, en cette salle de garde de Valencia du Venezuela, ne se hasarde à affirmer que la cause du Prince est en même temps celle de l'Homme ; au mieux, on la veut confondre avec celle de Dieu, qui ne peut répliquer.

Et il est vrai, aussi, qu'en favorisant la fuite de Bolivar, ce lieutenant de l'armée d'Espagne sauve sans doute à lui seul le véritable honneur de sa patrie, qu'il lui épargne de s'abîmer tout entière dans une sombre connivence avec l'injustice et l'oppression. Mais il envisage moins ce gain (à long terme) que cette simple et gênante certitude : ceux mêmes qui approuvent la résistance du peuple espagnol aux occupants étrangers (qui sont les troupes napoléoniennes) se font gloire de maintenir « tout un peuple dans un noir esclavage », et veulent exterminer « des hommes qui, sur leur propre sol, veulent se battre pour être libres et vivre comme des hommes ». Pareille contradiction, qui est traditionnelle, reste inadmissible à qui s'obstine, comme Montserrat, à penser selon l'ordre du Juste et de l'Injuste, non selon les règles faciles de l'obéissance aveugle.

Car là est la tragédie. Cet officier refuse de n'être qu'un « obéissant », et se juge, quoi qu'il fasse, *responsable*. L'obéissance, ici, ferait figure non point d'excuse, mais de circonstance aggravante. Parce qu'il faut que chacun soit responsable, ou personne. Et si personne ne l'est, du fait de quelque hiérarchie intangible, alors il n'y a plus lieu de parler d'*hommes* : il convient de s'avouer esclaves, et de diviniser le seul être d'apparence libre, qui est le tyran lui-même.

Hurlantes évidences ! On ne s'y soustrait que par l'inconscience, comme fait Moralès ; par le cynisme, comme Izquierdo ; ou par le postulat réconfortant de toute Inquisition : mettre à mort des païens, c'est immoler le Démon. Car un colonisateur se doit de croire au Démon. S'il n'en jugeait possédés ses colonisés, sa conscience ne lui fournirait aucun alibi satisfaisant — comme le voit bien Montesquieu, quand il disserte sur l'esclavage des Noirs. Le Père Coronil, en cette conjoncture, me semble d'une magnifique logique : « Comment ne comprends-tu pas que dans ces charniers, dans ces incendies, c'est l'esprit même du Malin qui est frappé, brûlé, affaibli ? »

Oui, comment ne comprend-il pas, lui, Montserrat ?

II

Il faut pourtant aller au-delà de ces questions d'honneur et de déshonneur. « S'il ne s'agissait que de mon honneur ! » dit Montserrat. Il s'agit de bien plus, en effet, car sur ce chemin qu'il a décidé de suivre, il n'y a guère d'honneur à gagner, si l'on juge selon les normes conventionnelles.

Il serait vain, d'ailleurs, de prétendre que l'Injuste et l'Atroce sont d'un seul côté : toute violence les fait paraître, et Izquierdo a beau jeu de rappeler les « crimes » des rebelles, que Montserrat ne songe guère à contester. Mais le fond du problème demeure, au-delà de ces horreurs visibles, de ces exactions et de ces supplices, et il n'a rien à faire avec l'émotion, avec l'indignation de la sensibilité, avec la pitié.

Reste que cette interrogation, entre autres, est assez torturante : a-t-on le droit de sacrifier à coup sûr quelques innocents (ou un plus grand nombre) pour donner une chance, une probabilité de liberté, de dignité, voire de bonheur, à tout un peuple ? On ne peut faire ici que l'intérêt de la majorité ne prenne, sur le moment, visage d'abstraction, d'idéal sans vie, monstrueusement théorique, tandis que pèsent si fortement dans la balance, à l'heure du choix, six otages insupportablement connus, allégant ces irréfutables *raisons de vivre* que sont leurs enfants, leurs épouses, leur travail ou leur art.

Nul révolutionnaire, nul « résistant », pour endurci qu'il soit, n'esquive le problème. Et, certes, on peut toujours le ramener à celui, très connu, de « la fin et les moyens » ; mais il est chimérique de croire possible une complète innocence. Cette culpabilité-là, qui est celle de Montserrat, notre temps n'a pas fini de se débattre avec elle, et de se prendre en ses engrenages. Mais on le sait suffisamment : la parfaite « bonne conscience » n'est que la forme la plus agréable de l'hypocrisie, de la lâcheté et de la complicité secrète avec des criminels qui sont, eux, injustifiables. D'où vient que Montserrat se résigne à un certain déshonneur en trahissant effectivement ses compagnons d'armes, en laissant fusiller les otages. Il entre ainsi dans une culpabilité et une torture morale inséparables de l'action.

Mains « sales » et sanglantes, impossibles puretés... Lorenzo de Médicis, réinventé par Musset, a connu ces dramatiques instances, et finit par tuer Alexandre pour sa propre justification. L'histoire ne cesse de nous accoutumer à ces contradictions — qui furent celles de Brutus (ou de sa légende). J'aime, finalement, que le héros de Roblès soit aussi totalement lucide, et confiant cependant dans l'efficacité de son geste. La faiblesse lui vient, un instant, non point d'un doute sur l'avenir, mais de ce qu'il ne peut soutenir sans défaillance la souffrance de « la mère » que l'on va fusiller.

Voici marquées, sans équivoques, certaines limites, et celle-ci d'abord : ce n'est d'aucune manière en soi seul, par soi seul, qu'un individu peut justifier sa vie et ses actes. Pensée en fonction de la solitude, et du moment immédiat, l'existence éclaterait en absurde, irrémédiablement.

III

Je sais maintenant pourquoi cette pièce, tendue et dure comme la corde d'un arc, l'emporte en signification sur tant d'autres de sujet comparable. C'est que l'élément *politique* n'y est valorisé qu'en fonction des fins ultimes de l'homme, et qu'il retrouve, de ce fait, la dignité qu'il se doit d'avoir. Et ce n'est pas tellement l'héroïsme de Montserrat qui porte en lui le « message » de l'œuvre que la relation incessante Izquierdo-Montserrat, la confrontation nécessairement *définitive* de ces deux univers : celui de l'espérance et celui du désespoir ; celui de la défaite absolue et celui de la victoire invisible, la défaite étant, certes, du côté de la force et du bourreau, comme on voit à chaque heure importante de l'Histoire.

« Tu as cru sincèrement jusqu'ici que ta femme valait plus que ta vie. » Izquierdo sait bien, en effet, que pour le marchand Salas Ina l'essentiel est dans ce « *plus* », et que c'est aussi l'essentiel pour Luhan le potier, pour Salcedo le comédien. Car si quelque chose vaut *plus* que la vie, alors il faut éventuellement accepter de périr pour que ce soit sauvé. Mais si cette chose, ou cet être, n'existent que par rapport à soi, et à notre temps de vivre ? Alors il faut d'abord survivre ; tout se passe comme si notre existence était la fin dernière de nos actes, et la mort ne peut être envisagée qu'avec un extrême désespoir — d'où viennent pour l'éviter toutes lâchetés, et, en fin de compte, notre propre consentement aux esclavages offerts.

On n'échappe guère à cette logique, qui, en vérité, n'est point neuve, mais qui, lorsqu'on y songe bien (et qu'on ne se satisfait pas d'une morne indifférence), concerne chacun de nous, aujourd'hui, de la plus lancinante manière. C'est bien la question clef de cette tragédie : Qu'est-ce qui vaut plus que sa propre vie ? C'est demander où réside l'espoir, et il n'est guère d'autre interrogation possible, dès qu'apparaît la mort.

Ricardo et Montserrat répondent catégoriquement : l'espoir est la chance des autres, c'est-à-dire celle de l'homme, coûte que coûte préservée. Et c'est cela qu'Izquierdo, installé dans le monde vide de son propre désespoir, ne saurait pardonner. « L'espoir ! tu n'as que ça dans la tête ! » Voilà bien le grief inexpiable. Mais qui donc s'y tromperait ? Izquierdo envie de tout son être, pour cela même, Montserrat, comme il envie Ricardo « le seul qui estime que mourir aujourd'hui est utile à une cause qui dépasse en valeur sa vie » ; et il les

doit tuer l'un et l'autre, sous peine de reconnaître
sa propre impuissance, et de se condamner lui-
même à mort.

Tel est le vrai visage de l'oppresseur : non de
force, mais de peur, et la pire de toutes puisqu'elle
exige, pour conjurer sa solitude, d'autres peurs semblables, et qu'elle s'accompagne ainsi d'un besoin
de mépris, d'un incoercible désir d'humilier chez
les autres cette dignité humaine dont on a soi-
même perdu tout vestige.

Le dialogue final d'Izquierdo et de Montserrat,
qui est le dialogue immuable du bourreau et de sa
victime, et dont nous connaissons désormais si bien
les phases, ne fait que mettre en œuvre ces gran-
deurs et ces hontes. Il faut, par n'importe quel
moyen, par n'importe quelle torture, qu'apparaisse
ne fût-ce qu'un instant aux yeux du « maître »
provisoire une égalité secrète, une complicité sans
gloire, dans la négation, le désespoir et la certitude
du néant. Il faut qu'Izquierdo fasse expier à tous
ceux qui croient en l'homme, sa terreur panique de
Sierra Chavaniz, ce moment où, enseveli dans le
sable par les insurgés, il ne ressentait plus que sa
peur, et n'entendait que « ces rires qui remplis-
saient le ciel vide ». Intolérable « joie des autres »
à laquelle songe, exclusivement, avant de mourir
Montserrat... Le marchand, le potier et l'acteur ont
été bafoués en vain : toute torture ne prouve, en
définitive, que l'échec irrémédiable du bourreau.

IV

Il est beaucoup question de Dieu dans *Montser-rat,* et par voie de conséquence de l'Eglise. Toute mort, en effet, le met en jeu dans la mesure même où il est une forme de l'espérance. Mais, sitôt impliqué, on voit bien qu'il pose de toute urgence la moins esquivable des questions : de quel côté est-il, Dieu ? Avec Montserrat, qui le *veut* croire « très bon et indulgent aux malheureuses créatures dont il a lui-même peuplé cette terre », ou avec le Père Coronil, « gendarme d'Eglise », comme aurait dit Bernanos, vouant à l'extermination ceux qui ne s'en réclament pas ? Tous, du moins, l'invoquent en ce drame, hormis Izquierdo parce qu'il n'a plus accès à l'espoir. Mais c'est celui-ci, il me semble, qui, sur le plan des comportements possibles, nous livre l'idée la plus valable : « L'élément Dieu est variable à l'infini », ce que, naturellement, le croyant de stricte obédience, et qui affirme la transcendance intangible, ne saurait admettre. Car il va de soi que contre ce Dieu-à-tout-faire, et à tout justifier, l'homme se doit de se défendre. Il a licence, bien sûr, de le placer du côté le plus noble, et la chance de l'homme, alors, peut s'appeler Christ, mais la divinité peut aussi être impliquée dans la plus monstrueuse injustice, dans le plus grand déshonneur ; et la contestation risque d'être sans fin, tandis que souffrent et meurent les victimes, que « pourrissent » les guerres.

Il faut peut-être se souvenir ici d'Albert Camus, et de son *Homme révolté* : « Les foules du travail, lassées de souffrir et de mourir, sont des foules sans dieu. Notre place est dès lors à leur côté, loin des anciens et des nouveaux docteurs. » Sans doute les temps sont-ils venus de ne plus compromettre Dieu, sous peine d'imposture ; et de le réconcilier avec la justice, ou de renoncer à lui. Voici vingt siècles qu'il s'est voulu parmi les hommes, et qu'il est devenu de ce fait solidaire de leur Histoire. Il y a perdu, pour une large part, ce privilège d'absurdité scandaleuse, à l'abri duquel se sont commis tant de crimes.

La grandeur de Montserrat est aussi en cette logique : il se comporte *comme si* il n'y avait que des hommes, et qu'il faut défendre, de leur vivant, sur cette terre. Dieu et ses promesses ne lui sont, d'aucune manière, un alibi.

Rien de plus important, donc, et rien de plus significatif que cette forme prise par la foi chrétienne chez cet Espagnol de l'autre siècle, tellement contemporain de nos inquiétudes ou de nos rébellions. Car c'est vrai qu'il croit en Dieu, en l'âme éternelle, et même en la résurrection des corps, face à Izquierdo désespéré du « silence infini des espaces ». Mais s'il fallait encore choisir ? Alors, les jeux sont faits, depuis longtemps dans cette conscience qui rejoint celle d'Oreste (celui des *Mouches*, à tout le moins...), et il faut citer ces répliques majeures :

« Même si je n'avais pas foi dans la promesse

du Christ, je ferais mien le combat de Bolivar ! Il
s'agit de rendre à des milliers de misérables leur
dignité de créatures de Dieu !

— Mais l'Ecriture dit que Dieu est en chacun de
nous, et si directement ou indirectement tu fais
tirer sur des hommes vivants, c'est sur Dieu que tu
pointes les fusils. Et, pour ce crime, tu ne pourras
de toute façon échapper à sa malédiction !

— J'accepte aussi de ne pas échapper à sa malédiction. »

V

Qu'il faille sauver l'homme aux prises avec tant
de démons et de pièges, avec — ce qui n'est point
nouveau — le Temps et la mort, toute l'entreprise
de Montserrat tend à le prouver ; et, ce faisant, il
donne même sa chance à la divinité...

Ce ne sont d'aucune sorte de théoriques et méta-
physiques débats. Ce n'est point non plus une expé-
rience de littérature : cette œuvre, comme toutes
celles d'Emmanuel Roblès, s'occupe d'abord du
comment vivre, ou du *comment mourir* (ce qui est
même chose). Pour cela, il n'est pas question d'abs-
traire ici quelque improbable « nature humaine »,
ni de marquer d'absurdité les situations de l'existence : seulement de savoir comment affirmer au
mieux la dignité menacée de la créature, qui est
son privilège. Car il n'y a en définitive que ceux
qui affirment l'homme, et ceux qui le nient ou le

refusent ; et il importe à l'heure de la vérité, de se
défaire d'un seul coup — si cela n'a pas encore été
fait — des mythologies trompeuses, fussent-elles à
usage strictement personnel, fussent-elles natio-
nales...

La chance de l'homme se rencontre en cette
heure implacable où Izquierdo se rend totalement
compte qu'il massacre et torture non point pour la
chrétienté et l'Espagne, mais pour conjurer son
propre désarroi et ses épouvantes ; où Juan Salcedo découvre l'abîme qui sépare son personnage
imaginaire de son être véritable ; où le marchand
terrifié offre sa femme à son bourreau. Car ce n'est
que dans cette complète lumière que s'impose le
choix le plus simple, qui est de décider si l'on est
pour ou contre la *valeur* de l'homme, pour ou
contre *l'honneur* de vivre.

Les arguments d'Izquierdo, nous les lirons, nous
les entendrons tant de fois encore ! « Crois-tu que
ce soit vraiment si important, la liberté, pour quelques millions d'Indiens à demi abrutis et de Nègres
pouilleux ? Pour ce qu'ils en feraient, de leur
liberté ! » On justifiait jadis l'esclavage de la même
manière ; on défend ainsi, en 1962, en maint
endroit, la ségrégation raciale, l'inégalité des conditions en « territoire colonial », et bien d'autres
exactions encore !

Quant aux « temps du mépris », on sait qu'ils
témoignent de la plus simple, de la plus efficace de
toutes les logiques, qui, à son terme, obtient même
l'effacement de l'espèce : beaucoup admettent fort
bien la possibilité de nier l'homme collectivement,
parce qu'ils l'ont renié en eux, et qu'ils en ont

implicitement, ou ouvertement, admis la non-valeur. C'est, assez exactement l'attitude d'Izquierdo déclarant : « Si j'étais personnellement chargé d'écraser la rébellion, je procéderais avec méthode. Article unique : tout Vénézuélien mâle de douze à cinquante ans sera pendu. » Il le fera, en effet, si on lui en donne pouvoir ; et après les Vénézuéliens il lui faudra d'autres hommes à tuer, qui seront au besoin Espagnols. Il ne sera point seul, du moins, à ordonner ces massacres : c'était le véritable Coronil (Eusebio de Coronil) qui, nous apprend Roblès, « préconisait que l'on exterminât tous les Vénézuéliens âgés de plus de sept ans ».

Les effets d'un tel mépris sont affreusement semblables à travers les temps et les lieux. Ceux qui admettent en 1812 que soient torturés les Vénézuéliens ont pour postérité les bourreaux de Guernica et de Buchenwald ; ils ont eu des disciples, à dire vrai, dans la plupart des nations « civilisées »...

VI

C'est vrai, enfin, que la mort a repris depuis vingt ans, en Occident, aux yeux de beaucoup, ce visage de fatalité incompréhensible, de désastre inévitable, qui lui confère un caractère quasi métaphysique au beau milieu de nos séquences « d'Actualités ». Cela l'arrache assez curieusement à l'His-

toiré, et vient parer tant de monstrueuses et
sordides horreurs des prestiges du *Fatum* et de
l'*Anankè*. Elle ne se trouve plus, ainsi, sur la ligne
d'aucune liberté, la Mort, et il arrive communé-
ment que le suicide seul, ou ses équivalents, fasse
figure d'acte libre pour ceux qui, « à bout de souffle », n'entendent plus guère réagir.

Cela rejoint les grandes peurs médiévales, et faci-
lite toutes les régressions, toutes les démissions ; si
bien que plusieurs ont largement intérêt à accrédi-
ter le pseudo-dogme d'un flagrant non-sens du
vivre et du *mourir,* afin d'engourdir davantage
encore ; et de recréer à bon compte ces esclaves
patients dont ils ont justement besoin.

Mais Montserrat sait bien où sont les respon-
sables des désastres, et ce qui, chez eux, est responsable ! Par où il oppose, au refus de la liberté,
celui de la Fatalité elle-même ; et il ne le fait pas
seulement dans le cadre d'un héroïsme individuel,
au profit de quelque dépassement mythique du
« soi-même » : il le fait au nom de ces millions
d'autres qui lui devront de vivre, et sont déjà
engagés dans leur révolte.

La mort de Montserrat n'est d'aucune manière
celle d'un illuminé romantique : c'est l'acte le plus
efficace, le plus significatif, de sa vie entière. Tout
à fait le contraire de la « gratuité ».

Le Nazisme, le Fascisme sont assurément liés à
des circonstances précises de l'Histoire, et non
réductibles à ce qu'il est convenu d'appeler si
commodément le « mal de la nature humaine ». Il
est vrai, cependant, qu'en certaines conditions poli-

tiques et sociales, ils expriment une attitude toujours *possible* des individus et des foules : dépouil-
lée des mythes qui l'appuient, c'est seulement celle
de la faiblesse intime, de la frustration et de l'hu-
miliation. Il importe, comme il est fait dans *Montserrat*, de ruiner aussitôt tant de fausses gloires et
de fausses raisons. On l'a vu : la vérité d'Izquierdo
est honteuse, et d'abord pour lui-même, et il ne
l'avoue à Montserrat que parce que celui-ci va
mourir. Inavouable aussi, d'homme à homme, la
vérité du Nazisme et de ses camps d'extermination,
de ses haines convulsives. Inavouable, la vérité des
répressions coloniales, des « indigènes » bafoués,
humiliés, torturés et massacrés dès qu'ils entendent
se réclamer des Droits de l'homme.

Alors il faut d'innombrables alibis, quantité de
masques, d'étendards et d'éloquence et, même, un
certain nombre de héros volontaires ou involon-
taires du côté des oppresseurs...

Mais c'est à l'heure où deviennent par trop
encombrants quelques centaines de milliers de cadavres, où nul ne peut plus masquer les ruines amon-
celées des « ratissages », les témoignages irréfutables
des victimes survivantes, qu'il reste toujours un
Izquierdo pour invoquer encore l'obéissance au
Prince, un Coronil pour alléguer la gloire de Dieu
et de son Eglise. Il serait vain d'en appeler à leur
conscience : ils en ont depuis longtemps consenti
le sacrifice.

Ils ne peuvent cependant tenir devant la colère
des peuples, ni devant leurs propres épouvantes.
La chance de l'homme, qui s'appelle Espoir, et qui
leur est intolérable, ne se peut donner libre cours

qu'après consommation de leur inévitable défaite.

Il se trouve toujours un Montserrat pour prendre en mains cette chance, et rassembler autour d'elle les armes de la Liberté.

GEORGES-ALBERT ASTRE

BIBLIOGRAPHIE

ÉDITIONS

Monde Illustré, supplément théâtral, 5 juin 1948.

Editions Edmond Charlot, Paris, 1949.

Editions du Seuil, Paris, 1954.

De Sikkel, Anvers, 1964 (éd. annotée à l'usage de l'enseignement).

En anglais : Dramatists Play Service, New York.

En espagnol : Editorial Losada, Buenos Aires.

En allemand : Kurt Desch Verlag, Munich.

En italien : Il Dramma, Turin.

En russe : Ed. de littérature étrangère, Moscou.

En serbo-croate : Nakladno Produzece « Glas Rada », Zagreb.

En arabe : El Adâb, Beyrouth (sous le titre : *Le Prix de la liberté*).

ÉTUDES

Francis Ambrière, « *Montserrat* », *La Galerie dramatique,* Correa, 1949.

Marie-Jeanne Royer, *Roblès et Montserrat, Revue d'Alger,* juin 1957.

Arturo Serrano Plaja, *Montserrat et les majorités* et Louis Foucher, *Roblès et Montserrat, in* revue *Simoun*, N° 30, décembre 1959 (numéro spécial consacré à E. Roblés avec la collaboration d'Albert Camus, Jean Cayrol, Mouloud Féraoun, Dominique Rolin et Ramon Sender).

Mario Sacramento, *O teatro de Emmanuel Roblès* in *Ensaios de Domingo*, Ed. Atlantida, Coimbra, 1959.

Luc André, *Montserrat*, fiche pédagogique, Ed. Peuple et Culture, Paris, 1960.

Jean Rousselot et M.-J. Royer, Dossier Roblès : Ed. Jeunesses théâtrales de France, Paris, 1965

Bernard Eliade : Lecture-animation de Montserrat. Ed. Gamma, Paris, 1974.

Montserrat, Disque Adès, Coll. « Théâtre », (avec François Chaumette, Michel Etcheverry, Denis Manuel, Nathalie Nerval), Paris, 1974.

En chinois : Editions théâtrales, Pékin.

IMPRIMÉ EN FRANCE PAR BRODARD ET TAUPIN
58, rue Jean Bleuzen - Vanves - Usine de La Flèche.
LIBRAIRIE GÉNÉRALE FRANÇAISE - 14, rue de l'Ancienne-Comédie - Paris.

ISBN : 2 - 253 - 00353 - 0   ◈ 30/2570/7